独活女子手册

[日]朝井麻由美　著
陈怡萍　译

中国地图出版社
北　京

独活类型判断图表

找到适合自己的独活方式！

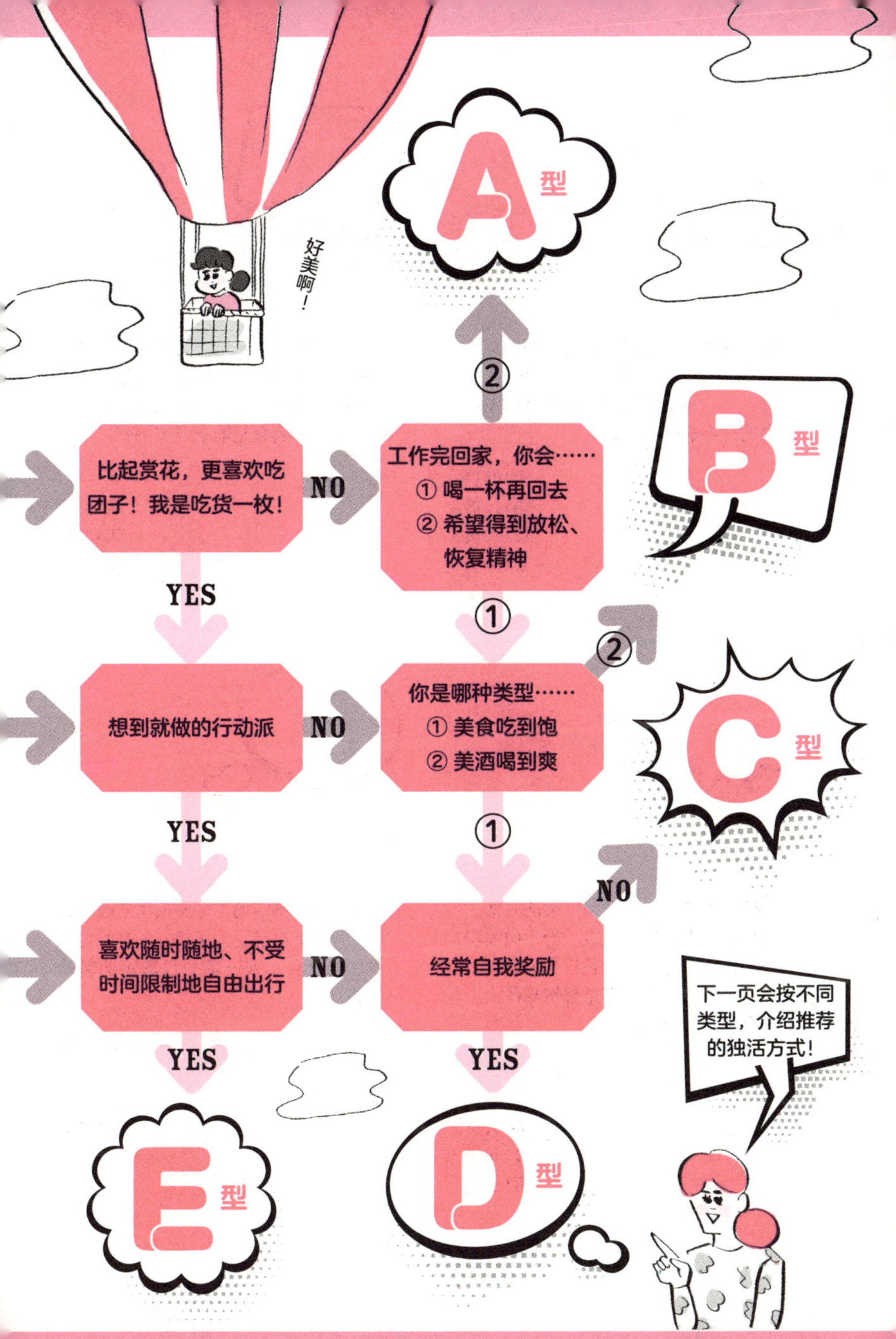

好美啊！
A型
B型
C型
比起赏花，更喜欢吃团子！我是吃货一枚！
NO
工作完回家，你会……
① 喝一杯再回去
② 希望得到放松、恢复精神
②
YES
①
想到就做的行动派
NO
你是哪种类型……
① 美食吃到饱
② 美酒喝到爽
②
YES
①
喜欢随时随地、不受时间限制地自由出行
NO
经常自我奖励
NO
YES
YES
E型
D型
下一页会按不同类型，介绍推荐的独活方式！

A型

推荐的活动是……

悠闲系独活！

漫天星光，可爱猫咪，想不想被这些事物治愈，消除每日的疲劳呢？另外，一个人去唱卡拉OK也是释放压力的好办法哦！

★单人卡拉OK☞ 第108页
★独自去天文馆☞ 第116页
★独自去猫咖☞ 第122页
★独自种盆栽☞ 第132页

B型

推荐的活动是……

独酌系独活！

同样是独酌，从“千元酒场”到能望见美妙夜景的酒店吧台，可以独饮的场所各式各样。找到适合自己的独酌之所，心满意足地享受美酒吧！

★独自去吃烧鸟☞ 第125页
★独自去“千元酒场”☞ 第138页
★独自去酒吧☞ 第152页
★独自去慕尼黑啤酒节☞ 第171页
★独自去啤酒花园☞ 第174页

C型

推荐的活动是……

美食家独活！

比较容易尝试的美食家型独活方式。既可以一个人简单地点一份牛肉盖浇饭，也可以选择在发薪日当天潇洒一把，去寿司店吃。光是想想吃什么，就会感到兴奋不已。

★独自去吃拉面☞ 第112页
★独自去吃牛肉盖浇饭☞ 第135页
★独自去吃烤肉☞ 第141页
★独自去吃寿司☞ 第146页
★独自去吃火锅☞ 第149页

D型

推荐的活动是……

特别体验型独活！

预订豪华酒店的下午茶或法式晚餐，犒劳一下自己。为了第二天开始更努力地生活，来一场一日限定的奢侈体验！

★独自去喝下午茶☞ 第119页
★独自去吃自助餐☞ 第156页
★独自去吃法餐☞ 第178页
★独自去吃中华料理☞ 第181页

E型 推荐的活动是……

说走就走的独活！

独自旅行最大的好处是“不被时间束缚，想去哪里就去哪里”！在温泉酒店一个人悠哉地恢复精力是最好的享受。

F型 推荐的活动是……

积极系独活！

如果想好好安排一下周末，可以打保龄球活动一下身体，或者试着把迪士尼乐园里的所有项目都玩一遍。

G型 推荐的活动是……

挑战系独活！

普通的独活已经满足不了你了！给你介绍一些练成独活高手的秘籍。试着挑战独活的最难关，称霸朋友圈！

序言

“不擅长循规蹈矩，性格高傲，经常被人认为是难以接近的怪人”，星座书上这样描述水瓶座的性格特点。水瓶座的我满意地点头如捣蒜，继续翻着书，结果发现其他书页上说的似乎都和我很像。“神经质、洁癖……”这是处女座。“不喜欢被束缚，极力逃避人际交往……”这是射手座。这些特征我也全都有，那我到底是什么星座？

大多数人都讨厌被束缚，都有神经质和奇奇怪怪的一面。更进一步来说，不管是因为心胸开阔还是优柔寡断，不服输还是喜欢在奇怪的地方较真，总之都会既害怕寂寞又喜欢一个人待着。

虽然每个人希望独处的时间长短不同，但所有人都“一定要有属于自己的时间”。如果你在占卜书上看到这番描述你的话，肯定会感叹：“没错！”从“容易感到寂寞”和“喜欢独处”在天平两端各自占的比例来说，既有1：99的人，也有49：51或是99：1的人。但无论是哪一种，想必大家都会认为：“啊，我也是既容易感到寂寞，又喜欢独处的那种人。”（顺便一提，我是1%的时间会感到寂寞，99%的时间喜欢独自待着。）

某部作品里的怪盗角色曾经这样高呼：“男人有属于自己的世界。”但其实无论男女，或是非二元性别，每个人都拥有自己的世界。

非常喜欢独处的我，在到处游玩的经历中总结了许多独自玩耍的诀窍和心得，并把它们都集结在这本书里了。我将独自玩耍这件事叫作“独活”。在这本书里，我会聊到独活的好处，并试着探讨为什么人们对于独处这件事会感到不好意思，会在意他人的目光。但其实，我最想告诉大家的只有一件事，那就是一个人的生活也可以过得非常愉快、洒脱和精彩。

想要先弄清楚“独自一人意味着什么”，并且想要沉浸在一个人的世界中的读者，请阅读第1~3章。立刻想要一个人出门的人，请翻到第4章，这一章节有根据难易度划分的30种精选独活方式。希望了解关于独自玩耍的小建议的人，请直接跳到本书后半部分提到的各种小信息。读完这本书，也许你的独活生活会变得更加愉快、洒脱和精彩！

朝井麻由美

目录

第2章　关于“独处会觉得不好意思”的问题

第3章　独活的时间可以丰富人生

第4章　30个精选独活

难易度★☆☆☆☆

第1章

独活推荐

我决定昂首挺胸地享受“一个人”生活

5年前的夏天，某家网站来约稿，问我要不要写关于“一个人生活”的专栏。专栏中把享受一个人的生活叫作“独活”，主题就是启发读者去寻找独活的快乐。

在那之前，我并没有特别到处宣扬说：“我就喜欢一个人生活！”来找我的编辑老师却对我说：“总觉得这个形象和朝井小姐您很符合。”原来如此，似乎确实挺适合我的。于是自那以后，每天我都在思考关于“一个人生活”的事。

刚开始写连载文章时，正是我的工作处在上升期的时候，而且我做的是没什么羁绊的自由职业。自己只要今天想休息，不管这天是工作日还是其他什么日子，都能作为休息日。因为那段时间，我挣到的钱足够用于娱乐活动，所以就一直过着尽情把酒当歌的单身生活。虽然表面上呼吁着“一个人生活”，但对于“一个人生活”，我并没有特别深入的思考。倒不如这么说，在我看来，没有必要特意去想一个人待着这件事，我一直认为这是理所当然的。

关于“一个人生活”，深思熟虑之后明白的道理

刚才提到那个关于“一个人生活”的专栏……没错，我确实喜欢一个人生活，经常一个人出去玩。不对，等一下。话说回来，我基本上每天都是一个人玩的吧……想了想，总算反应过来了。其实独活只是生活中的一部分而已，我从不认为它是生活的必需品。

随着我动笔开始写专栏，记忆深处的那些事不断涌现出来。一个人的生活实在太舒服，觉得“一个人生活”很寂寞的日子也早就被抛之脑后了。以前的我也曾因为不敢一个人出去吃拉面而感到进退两难，还有过因为没有勇气一个人去吃烤肉，气馁到半夜都在掉眼泪的故事。以前总认为自己

独活TIPS 01

独活Idea　一个人划船，缓解运动量不足的问题！

只要尽力划桨，就能一步步向前，因此会生出小小的成就感。如果碰到淡季，还可以体会到广阔的水池中只有自己一个人的爽快感。

必须“和大家一起行动”，觉得身边朋友不多是不行的。在我心中，对于“一个人生活”这件事，也曾有过相当多的偏见。

“一个人”时，不想“自虐”

刚开始写独活连载专栏的时候，像是“一个人待着”“无法融入现充[①]的精彩世界”这样自虐型的表达非常多。之后，虽然一些杂志和书上开始筹划宣传一个人生活的快乐的特集，社会上也慢慢地开始出现“一个人万岁”的积极氛围。但我记得当初开始撰写关于独活的文章的时候，大部分人仍然觉得独活更像是自虐。

因为想要进入热闹的团体却进不去，就觉得自己一个人生活很悲惨——当时我就经常以这样的心理状态去写相关文章。一方面，我是觉得这样写应该能让别人觉得很有意思，另一方面，自己其实并没有想太多。但是，在某一时刻，我突然意识到了一个问题：会觉得独活是在自虐，这不就等于是说自己现在所处的状态不太对劲嘛。

---

① “现充”，日本年轻人使用的网络语言，意思是“现实生活很充实的人生赢家”。——译者注

当然，你也可以说，这种自虐的做法是为了不让周围人产生反感的一种生存战略。面对他人，展示自己脆弱的一面，确实能使人际关系更加轻松融洽。这一点无可否认。

即便如此，无论你的目的是什么，只要是说在自虐，就意味着你是以“一个人=寂寞=不好”“所有人在一起热热闹闹的=快乐=好”这样的前提行事的。我明明只是单纯地喜欢一个人生活，却说是在自虐，真是鸡飞蛋打，好不划算。

只要肯定“一个人生活”的好处，独活就会变得更开心

现在回过头去看，那段时期，在我心里同时存在两种矛盾的心理，一是觉得“不能和大家热闹地待在一起，我真可怜”，二是认为“一个人自由又快乐”。

但是，随着我写连载专栏的时间越来越长，我开始发现一个人待着这件事本身就很快乐，对于一个人行动不够热闹的问题，根本不必觉得憋屈。原本的矛盾心理是“一个人的时候明明很开心，却总是自嘲”，而后经过好一番纠结，如今的我终于找到了前行的道路。现在的想法是“仔细想想，其实一个人也挺好啊！”“我要诚实地告诉别人我喜欢一个

独活TIPS 02

独活Idea　一个人拍大头贴，遇见全新的自己

有些照相店里还提供化装道具、假发和服饰的租借服务。无论是正儿八经地去拍，还是使用大头贴滤镜效果，都能拍出不错的样子。

人行动！”

我的出发点，纯粹是想让大众肯定一个人的生活方式，也想自我肯定。仅仅是简单地下定决心把心里这句“好喜欢自己一个人生活啊”说出来，就像是心里的石头落地了一样，心情一下子变得分外轻松。

“集体行动派”和“单打独斗派”都来吧，这里是独活小森林！

本书的编辑老师曾经义正词严地和我说过这样一句话：“因为我们想让今后想要轻松尝试独活的读者们也读一读这本书，所以请您不要写过于消极的内容。”我这个人吧，确实动不动就会啰啰唆唆的，经常说一些消极的话。

这个要求让我犯了难。我的独活人生，就是从不想合群这样非常消极的想法开始的。完全不提这一点，就来聊独活吗？不行吧。但是我也绝对没有否定“大家热热闹闹待在一起”这种做法的意思。

如果一个人说："我就喜欢一个人待着。"那么人们通常会觉得，这样的人会被"现充"们所讨厌。最近，大家似乎习惯把"现充"叫作Party People或者"社牛"。

Party People和"现充"是独行侠的敌人吗？

人类喜欢把两种相反的事物摆在天平对立的两端，形成对战模式。哥斯拉VS摩斯拉，蘑菇山VS竹笋里[①]，现充VS独行侠。有时我也会非常开心地向那些宣称"我也喜欢一个人待着"的、与自己志同道合的人寻求认同："那些现充真让人火大！"

但是，正因为有热热闹闹搞气氛的人，才会有喜欢独活的人。如果地球上没有人成群结队地行动，独活这种生活方式乃至这本书都不会出现。无论是喜欢集体行动还是做独行侠，大家都在各自的森林里生活着。我认为那样的世界才是美丽的，并且希望自己也一直保持这种"幽灵公主"一般的心态。如果在被人群簇拥的热闹森林里住累了，偶尔也可以到独活小森林里来玩。所以来吧，这里是独活小森林的

① "蘑菇山"和"竹笋里"是明治公司旗下两大巧克力产品系列，在日本拥有极高的人气。

世界！

所以说，哪怕我在这本书里提到了消极的方面，那也是极其个人的、单方面的观点。如果大家看到了，心想“这个人竟然为了这种事烦恼”而一笑了之的话，我就安心了。

我在学校里刚开始过集体生活的时候，感觉很不如意，没有加入过任何小团体，也没有遇到和我约定“以后长大了要继续做好朋友哦”的女同学。说起来，曾发生过一件令我震惊的事。之前关系要好的朋友竟然连结婚典礼都没有邀请我去！好歹我们以前会定期一起喝酒，可没想到，后来我是在脸书上才突然发现她连婚礼都办完了。虽然我在心里大喊：“怎么可以这样对我！”但还是以非常积极的心态去理解她，觉得也许对方是出于好心，认为反正邀请我参加我也不会去吧，毕竟我怕生。

总之，为了让自己享受这样“惨兮兮”的生活，我的独活生涯正式开启了。

独活TIPS 03

独活Idea　**一个人去赶海拾潮，Get第二天的食材！**

默默地独自挖沙子、找贝壳，自有一番平凡的乐趣。因为这时候大家都弯着腰、低着头，就算是三五成群一起去，也需要独立作业，因此一个人去玩也不会觉得没意思。

清楚了解自我喜恶的“独活疗法”

你知道“独活疗法”吗？它是指通过独活了解自己，提高自尊心，从此变得非常爱惜自己的一种治疗方法。我想，之前肯定没有人听过这个说法，因为这是我现编的啦。虽然是自创词，但我认为它所指的意思没有错。那就是独活或多或少都有“治疗”效果。

你具体知道自己的喜好是什么吗？

首先，让我们从“知己”开始吧。这个世界上究竟有多少人准确知道自己喜欢什么、讨厌什么呢？可能十个人里只有一个，不对，一百个人里都没有一个人知道吧？

当然，谁都应该能说出自己大概喜欢什么。比如，喜欢时尚，喜欢化妆或者读书。那么，你能具体解释一下自己对它们是怎样的一种喜欢吗？

例如，如果你喜欢时尚，那你知道自己喜欢时尚的哪一方面吗？是喜欢买衣服，喜欢在社交平台上浏览别人的穿搭风格，还是喜欢亲手搭配衣服来展示给别人看；是喜欢到大街上欣赏路人的穿法，还是说喜欢到了想要自己卖衣服的程度，甚至想亲手制作……光是“我喜欢时尚”这句话，也是千人千面。

一个人的休息日，没有事可干？

反过来说，即使有讨厌的或不擅长的事情，应该也很少有人能准确地说出理由来。对于自我喜恶的了解程度，其实我们比自己所想的还要糊涂。要问这样会造成什么样的后果，那就会发生“某天突然休息，不知道自己该做什么”的问题。

“这周六我突然有空了。可是身边的人都很忙，谁都约不

独活TIPS 04

独活Idea　即便没有计划，也可以一个人逛婚博会①

事实上，婚博会也可以一个人去逛，因为这种展会就是为了传达结婚仪式的魅力而举办的。就算近期没有办婚礼的计划，那边的工作人员应该也是很欢迎你去参观的。

到！好不容易到了周六，却要一个人过了。怎么办呢……”

如果你不清楚自己的喜恶，就会落入这样的局面。对于居住在独活村庄的居民来说，要是突然有了一个还没有安排任何计划的休息日，那可是全村居民将要举办盛大狂欢的信号啊。所有独活人士都会狂喜着大喊：“摆宴席、吃大餐咯！”

你既可以去之前一直想去的美术展，也可以去看之前一直想看的电影。平时自己想做的事、喜欢的活动简直有一箩筐。而一个人独自度过的休息日，正是把筐里东西晒出来的大好机会。

因此，关键在于清楚了解自己的喜恶。平时就对自己提高认识，这是享受独活的一个秘诀，更进一步来说，也是享受人生的诀窍。

用独活经验值提升“一个人自处的能力”！

另外，对自我喜恶的了解程度，会随着越来越多的独活实践而有所提升。一个人随便去什么地方，干些什么事，不管愿不愿意，都必须直面自己选择的独活活动。当你和其他人在一起的时候，通常会忽视的某些事情，在独活的时候，就能自然地面对。

例如，如果你一个人去吃烤肉，就不用浪费时间和别人聊天，只是集中于“吃烤肉”这个行动本身。看菜单和点菜也要自己一个人来，所以你就会清楚地认识到一些之前没有注意到的自我喜恶和习惯。

我第一次一个人去吃烤肉才发现，自己单单在吃烤肉这件事上，就一点都不了解自我真实的喜好。打开菜单，想着“先点个牛舌吧……”就翻到了有牛舌菜品介绍的页面，这时我突然停下，意识到一点：“……也许我并没有那么喜欢吃牛舌吧……现在这里就我一个人，就别点什么牛舌了，直接点五花肉不就行了？”而且我还惊讶地发觉，在一个人去吃烤肉以前，自己所掌握的关于烤肉部位的知识是多么的贫乏。

和许多人一起去吃烤肉的时候，一般最开始都会有一个人跳出来说：“要不先点牛舌？”无论最后是谁、在什么时机做了决定，反正总会出现这样的环节。“要不先点杯啤酒？”“要不先点牛舌？”这世上老是会有这样的事。之前对于“先点个牛舌”这种事，我总是不抱任何疑问地服从。而如果要进行独活，就得事先深思熟虑自己的每个行动，一边认真思考，一边再做决定。这就是我的深刻体会。

独活TIPS 05

独活Idea　即便没有计划，也可以一个人逛婚博会②

参观场地的时候，可以试穿婚纱、试吃婚宴料理。这时可以堂堂正正地和工作人员说：“我还没有办婚礼的具体计划，但是想为今后做准备，所以过来看看。”

“只要努力就能做到！”独活集邮

一个人吃烤肉的时候，由于可以独自集中精神，对于食物味道的印象会比平时更强烈。即便吃完过了好几天，也会清楚地记得当时哪种肉的哪个部位最好吃。如果是和其他人一起吃饭，大脑中的大部分记忆就会分配给人与人之间的对话，意识就会分散开来。

不光是吃饭，参加类似的娱乐活动皆是如此。和别人出门的时候，目的是要通过和别人一同待在某个地点来“进行社交”。但如果是一个人出门，目的就变成了“在某个地点做某件事本身”。这样就能直接在那个地点开始活动，你就会对自己喜欢什么、讨厌什么，关于某个地方、某种食物是什么看法，等等，有一个更鲜明的认知。如果能做到这一点，就是成功。之后就算是突然多了一天一个人的休息日，你的脑子里也会立马浮现出各种自己想做的事。

在我的独活中，每次去到自己没去过的地方，做之前没做过的事情，感觉都像是在头脑中集邮一般。在“没做过的事”“没去过的地方”上面盖一个“已完成”的纪念章，每次在脑海里有如此感受时，都会觉得自己变得更强大了。就算是遇到担心自己能不能做到的事，只要尝试一下，就会意外地发现自己能办得到。通过不断积累这样小小的成功经验，随着越来越不依赖任何人，一个人完成一件事的次数越来越多，就会对自己越来越有信心。

如此一来，就能够做到“知己”，独活可选的地方也越来越多。“无论是去哪儿，我都能一个人独自前往”的这份自信，能够提高自尊心。这就是“独活疗法”的功效原理。每进行完一次独活，人就会变得更强大一分。

独活TIPS 06

独活Idea　**意料之外适合独活！一个人去坐人力车**

京都、镰仓和浅草等观光场所都有人力车可以乘坐。这项活动在街上的受欢迎程度比预想的更高，因为也有独自旅行的游客会去坐。

为了更舒服地“一个人玩乐”，要有一些大胆的想法

享受一个人的时光，关键在于要有一些“过家家”式的创意。不要“因为一个人的时候无法和其他人说上话，觉得很无聊”，而是创造出属于自己一个人的“玩乐时间”。

一个人玩乐的时候，我的心情跟童年玩洋娃娃和过家家的玩偶游戏时几乎一模一样。对我来说，不管是玩洋娃娃还是过家家游戏，一个人独自玩耍是很正常的。因为我是独生女，家里父母也都在上班，所以小时候我一直是一个人在家，每天一个人给洋娃娃换新衣服穿着玩。

上托儿所的时候，由于性格内向，融入不了集体，我记得当时我也经常一个人在教室的角落里玩切菜游戏。我想，那时候培养起来的“想办法一个人玩耍的想象力”，如今似乎正好活用到了我的独活中。

一个人玩，就能经常“一个人完胜”

从童年时期的经历中得到灵感之后，我开始尝试“一个人的人生游戏”。关于我是如何想尽办法让自己度过愉快时光的，在这里想和大家分享一下。也许你会想，我到底要从哪里说起呢？以下我要说的话，都是很认真的。

我原本就不喜欢竞争。一听到“先到先得”这种话，我就会立马失去干劲，玩《噗哟噗哟》[①]或者《桃太郎电铁》[②]这些游戏的时候，只想选简单难度的电脑作为对手，这样就可以轻轻松松赢得比赛。虽然我喜欢打游戏，但不喜欢太有挑战性，而是只想体会胜利的喜悦。就算是那种一开头就告诉我说我百分之百能获胜的游戏，我大概也能享受其中吧。因为我单纯地对“胜利”这件事感到开心。20世纪90年代有一首歌里是这样唱的：“墙壁越高，攀登上去之后的

---

① 一款类似俄罗斯方块的益智游戏。

② 一款以铁路公司的运营为主题的日本游戏。

独活TIPS 07

独活Idea　**一个人也能制作对戒①**

对戒是作为情侣之间爱的证明而成对制作的。你可以试着给自己做一对，当作送给自己的礼物怎么样？

心情越好。”但是我实在不明白这样的心情有什么好的。如果可以不努力就获胜，世上没有比这更棒的事了吧？根本不需要额外的什么刺激啊。

于是我想到了一个主意。如果是一个人玩多人对战游戏，会怎样呢？要说一个人玩游戏有什么乐趣，那就是因为没有对手，我肯定就是第一名了嘛，不拼命玩也一定能获胜。这可太棒了！我既是优胜者，同时也是最后一名。但是对于后面这一点，睁一只眼闭一只眼就好了嘛。

总是轮到我玩！永远都是我来玩！

顺便说一句，当时我玩的那款人生游戏的盒子上写着，推荐玩家人数是“2~6人”。想必游戏开发者没有预想过只有一个玩家的情况，说明那个时代的人们还远远没有追上“独活时代”的脚步。

即便如此，我还是要一个人玩。选一辆车当代步工具，一个人掷色子，永远轮到自己玩。但是没想到，有一次遇到了从开局起资金就降到最开始五分之一的境地。当时我迈出去的第一步停在了“沉迷于网咖，支付4000美元”的格子上。一开始我的现金就只有5000美元，现在因为突然“沉迷于网咖”，不得不支付4000美元……虽然手头现金一下子只剩1000美元了，可是细想一下，即便如此，这个人生游戏的第一名依然是我啊。所以没必要着急。我就安安心心地继续前进，付完钱后还是轮到我来玩。不管发生什么事，总是轮到我玩。

在人生游戏中思索自己的真实人生

游戏玩到中途，很快便遇到了下一步要选择前进方向的情况。我看到前方的格子上写着："你马上就要进入社会工作了！"意思就是说，现阶段游戏中的我是一个正在找工作的学生。刚才会走到"沉迷于网咖"那样的格子里，就是因为我还是个中学生吧。也许我是把仅有的一点零花钱用来去网咖玩了。关于未来工作方向有两种选择，一是从事模特等职业，走高风险、高回报的"专业技术职业路线"；二是选择走"商务人士职业路线"，成为普通公司职员。我选择成为一名公司员工。因为难得一个人玩人生游戏，我就想干脆选一条更加现实的路，好好思索真实的人生。选完职业路线之后，前方的第一个格子上写着"你的博客收获高人气！获得2000美元"的字样，这让我觉得很有意思。看来，虽然现实世界中的我只是一个微不足道的写手，但是连在人生游戏中，我都想增加自己博客的点击量呢。作为公司员工的"商

独活TIPS 08

独活Idea　一个人也能制作对戒②

去能够体验戒指手工制作的工坊，加热金属，敲敲打打，亲手打磨。而且就算不做"对戒"，只是做一个给自己的戒指，也完全没有问题。

务人士职业路线”上都有“博客收获高人气！”这样的格子，这款游戏有一种奇妙的现实意义呢。如今时代的一个特性，就是公司职员也会将人气博主当成副业，这一点在这款人生游戏中也清楚地反映出来了。但是，掷色子没能掷出数字1来，所以在这款人生游戏里，我的博客也没能获得高人气。真令人伤心啊。

一个人玩的乐趣——“幻想细节”

后来，我再也没有在正常领薪水的格子里停留过，都是因为获得了一些不明所以的收入而赚得盆满钵满，比如“踩到了狗屎，金钱运大涨！获得1.5万美元”“高价卖掉了收集的贴纸，获得1万美元”“演艺事业大获成功！获得4万美元”之类的。所以，这是白天公司上班的工作做得马马虎虎，每晚在网上倒是挣得钱包鼓鼓囊囊的意思吗？玩一款游戏，就可以幻想出一些细节。最开始我也写到了，这其实是一种过家家游戏，就是一个人在玩人生游戏。人生游戏里的我，为了什么哭泣，因为什么欢笑，思考着什么生活下去？想象这些事情，就是玩这款游戏的乐趣所在。

游戏继续进行下去，突然发生了不得了的事。没想到我接受了情侣装穿搭的采访。明明我是一个人单独玩人生游戏，根本就没有和别人搭档，这到底是怎么一回事呢？而且，等我掷了色子，前方竟然有一个强制停止的“结婚”格子。我是一个人玩这款人生游戏的，却莫名其妙结了婚。顺便提一嘴，这款人生游戏里，似乎每个玩家都必须经历结婚这个阶段。老实说，这款游戏的其他所有格子都非常有现实意味，但是到了这一步，我突然感觉脱离现实了。这款人生游戏中，玩家的结婚率是100%，而现实世界根本不是这样。

一个人玩游戏才发现独活的好处

游戏里的“结婚”格子带来了一番曲折的风波。先前我通过副业赚到的那一大笔钱，因为买房子、吃高档晚餐而变得越来越少。而且，不光是散尽钱财，甚至走到了“由于个人问题而辞去工作，变成无业游民”的地步。就是因为碰上了一连串的霉运，一个人玩游戏的好处才显现出来。钱少就少呗，随他去。不管发生什么事，我都是第一名！完全没有

独活TIPS 09

独活Idea　除了人生游戏之外，还有这些桌游可以一个人玩！

桌游里也有一个能玩的游戏，比如卡牌游戏《雪批》（*Shephy*）① 和《数字9乘塔》（*NMBR 9*）②。可以在桌游专卖店或者网上买到。

---

① 一款单人卡牌游戏，玩家需要在3轮之内，用不同的卡牌技把1只羊变成1000只羊。

② 一款数字堆叠游戏。玩家需要根据每轮抽到的卡牌数字，使用相应的数字板块进行摆放，并尽可能将数字板块堆叠得更高，以获得更高的分数。

压力。一个人玩人生游戏，让我明白原来平时自己总在不知不觉中与周围人做比较。

游戏到了最后，我走到终点时欠债6万美元。因为我在到达终点前移居到了火星，移居费用花掉了25万美元。我非常清楚之所以在游戏中会这样做的心境。人生游戏中的我，一定是厌倦了竞争性社会以及与他人的交流，所以才逃去了火星吧。但是，无论我是欠了一屁股债，还是移居到火星，最后漂亮地赢得这款游戏的胜利者都是我。

如果说以集体行动的方式生活，意味着“必须接受一定程度的不愉快，来获得更大的快乐”，那么我认为，一个人行动就相当于“极力消除自己的不快，哪怕是微不足道的快乐也要好好享受”。在人生游戏中和别人对战，无论是一场担惊受怕之后才能获得胜利的喜悦，还是和他人产生冲突后又和好、加深友情的喜悦，这两者我都不需要。我喜欢没有对战、没有伤害的一个人的世界。

单人卡拉OK的好处一箩筐

关于独活的好处，我想稍微系统性地整理一下。很久以前我就一直强调过，去唱卡拉OK这件事，明显是一个人去的好处更多。可以这样说，我是单人卡拉OK的忠实拥趸。我能够断言，卡拉OK除了一个人去以外，没有其他选择。在我眼里，单人卡拉OK的好处简直多到一箩筐（见第108页）。

如果是一个人，就可以随便唱自己想唱的超绝小众歌曲

首先，唱卡拉OK的最大前提，就是因为想去唱自己喜

欢的歌曲。后面我所说的，关于一个人唱卡拉OK更好的各种理论也都是建立在这个前提的基础上的。如果去唱卡拉OK的原因不是这个的话，比如有人说“我是因为想让别人听我唱歌、欣赏我的美声，才去唱卡拉OK的”，那就是另一回事了。会这样说的人，肯定和其他人一起去唱卡拉OK更好。

那么，和别人一起去唱卡拉OK的话，到底有多少概率可以从头到尾都唱到自己最喜欢的歌呢？如果是和非常要好的朋友还好说，但是大多数情况下都得根据现场的气氛来选曲吧。你总不能突然切到排在专辑里第8位的那首谁都不知道的小众歌曲，然后冷不丁地就开嗓吧？

大家一定都遇到过这种情况。别人在唱你不知道的歌的时候，你要不手打着拍子或摇着铃鼓活跃气氛，要不就玩手机打发时间，只能一边假装参与其中，脑袋里一边在想下一首该唱什么……和别人去唱卡拉OK，多多少少都有“看热闹”的成分。有时不经意切到了你知道的歌，拿起麦克风刚唱起来，却猛然意识到“不行，这首歌还是不太会唱”，于是立马中途切歌不唱了，这样现场气氛多少会有些尴尬。

一个人去唱卡拉OK的好处，最直接的就是等待的时间少了很多，你能唱的歌曲总数也变多了。一首歌平均5分钟时长的话，1个小时里一个人就能唱大概12首歌。2个人唱1个小时的话，就是每人6首，3个人去唱就是每个人4首，4个人的话是每人3首。你想想看哦，在3首歌的限定范围内，你必须挑选自己面对同去唱歌的所有人都不会感到害羞的歌，这种压力得有多大呀！

和别人一起去唱卡拉OK，真是太难啦！

因此，平时生活中我就极力主张，要唱卡拉OK就一个人去。可以说我是个单人卡拉OK激进派了。但是，如今很少有人和我有相同的想法。为什么呢？

独活TIPS 10

独活Idea　**感受季节时令变换的一人游·东京湾纳凉船**

一个人待在人很多的上层甲板可能会有点不适应，但是可以坐在下层室内的自动调节椅上。那里人少，一个人待着很舒服。

独活不只和钱有关！在意的是性价比

“独活好像很花钱的样子……”一旦有人和我说这句话，我就哑口无言了。确实，独活在大多数情况下花费挺高的。事实确是如此，没有办法。一个人生活，去买肉、蔬菜和调味料，也是很难独自消耗完的。且不说那种小瓶装的番茄酱是否可以按大瓶装克数除下来的单价来卖，首先批发店根本不会同意啊。

个人历史上花钱最多的独活

我至今花费最多的独活，是租了一辆高级轿车。通常是一群女孩子穿着礼服，打扮得漂漂亮亮的在车里开派对。这种叫作“高级轿车女子会”的活动，我一直想一个人尝试一下。理由嘛，就是想乘坐憧憬已久的高级轿车。既然要坐，那还不如一个人独占。在这种欲望的驱使下，我摁下了预约的按钮。

一般来说，每小时3万日元的租赁费由10个人平摊，每个人付3000日元就行了。要是一个人包租的话，3万日元就必须一个人承担。虽然如此，但这样做可以享受到“一个人包下超大高级轿车”这种平时少有的奢侈体验。在这层意义上，这样的经历就是无价的。

既保证较高的性价比，又能享受独活

那么，所有的独活都很花钱吗？要是有人问我这个问题，我想说，这得看每个人的想法如何。如果说是吃饭、喝酒，比起一群人一起，一个人通常会更加便宜。如果是和别人一起去吃喝，哪怕你们说“就喝一杯”，到最后真的只喝一杯而已吗？但如果是一个人，真的能喝一杯就离开。

独活TIPS 11

独活Idea　**难度之高出乎意料的一人“流水素面”①**

日本各地都有供应流水面的店。水流速度非常快，如果不能全部捞起来，面条就会堆积到放置于下流的桶状容器里。

① “流水素面”是一种吃素面的方法。将竹筒纵切形成管道，食客沿着管道落座，并捞取里面的面条。这是夏天备受日本人欢迎的活动。

比如我一个人去吃一次烤肉，平均花费在2500日元[①]（见第141页），有时甚至1500日元就能搞定。而且我去的不是那种非常便宜的店，都是普通店家。吃烤肉花这点钱，是不是超级便宜呀？

一个人去吃烤肉，烤盘上放的肉全都是给自己吃的。一般我会点上两盘肉和喜欢的饮料，每次都吃得很撑。因为是自己想吃肉才去烤肉店的，所以就不需要点和别人聊天时会点的小菜，后面也不用再追加点酒，可以吃完立马走人。酒钱不都是几个人越喝越晚，才会花得越来越多吗？

正因为是一个人，好处太多了

从省时这方面来说，独活的性价比也是很高的。一个人去唱卡拉OK，哪怕只唱30分钟，就能获得相当程度的满足感。一个人去吃饭，待在店里的时间最多也就1小时。这样省下来的时间就可以用来做别的事。如此想来，不觉得很划算吗？毕竟钱的话，努力挣就有，可是关于时间，无论你多么不情愿，它都是有限的。

---

① 约合人民币123元，后文以此汇率类推。

迪士尼乐园、迪士尼海洋乐园、环球影城里都有单人优待政策（见第187页）。游乐设施的座位大部分是两人连座。如果一起去的人数是奇数的话，就会空出来一个座位。这些游乐场有一项名叫“单人通道票”的制度，可以让一个人去占多出来的那个座位。

虽然适用这一制度的游乐项目比较少，但只要能用上，一些人气项目排队不到5分钟就能玩到，甚至可以连续玩飞溅山（Splash Mountain）几十次呢。先不提你是不是真的想连玩几十次，但是按这种玩法，就会有一种大大值回票价的感觉。所谓性价比，不只是有关金钱和时间的问题。多亏了这种单人通道票制度，可以让单人玩家不用去排队了，那么心理上的性价比也很高。

独活TIPS 12

独活Idea　难度之高出乎意料的一人“流水素面”②

还可以买流水素面的玩具回去一个人玩。一人分饰两角，下面的角色和捞面的角色都由自己来充当。这样还可以考验你的反射神经是否发达、动作是否迅速。

有了恋人，结了婚，照样独活

一和别人说起“我喜欢一个人”的时候，他们就会问：“那你对恋爱没有兴趣吗？”当我上电视或其他媒体时，“喜欢一个人”“独自”“独活”这些关键词总是和“单身”“未婚率”“孤独死”等被绑定在一起来讨论。算上我实际上没有成功播出的节目，大多数节目主题都离不开“已婚”“未婚”的字眼。

有一部分媒体喜欢这样的论调：“因为喜欢一个人行动的年轻人越来越多，所以未婚率上升，将来日本的人口就会减少。”听上去就好像一个人生活是一件不好的事情一样。

我是反对这个理论的。首先，结婚之后理所当然就要生孩子——推崇这个因果关系的时代已经终结了。而且，喜欢一个人生活、享受独活，只是一种生活方式、一种精神状态和一个兴趣而已，和恋爱、结婚完全是两码事。

即便进入了不同的人生阶段，也要贯彻独活！

实际上，在我开始发表关于独活的专栏文章之后，我发现来自已婚人士的反馈比我预想的要多。“虽然我结婚了，但是也想独活！”——这样的声音非常多，而这正好证明了一点，那就是哪怕一个人喜欢独活，只要想结婚照样会结婚。因此，虽然独活好像和未婚率上升的现象有关，但我认为事实并非如此。

有一些人会以“因为我结婚了”“因为我有孩子”等当作借口，哪怕自己其实是喜欢独活的，也难以抽出时间去做。我从他们那里听到了许多类似于“我从你这里获得了勇气，发现原来结了婚的人也可以独活”的感想。这让我真切地感受到，社会上需要一个人独处的人群有多么庞大。

仔细想想，这也是理所当然的。不能说因为结了婚，就

独活TIPS 13

独活Idea　**想要慢慢沉浸于独活的人，可以一个人去逛美术馆**

美术馆和展览会都很适合独活。按照自己的步调观赏作品，不会有任何心理压力。有的人还尤其喜欢一个人逛美术馆。

每时每刻和伴侣待在一起。倒不如说，也许正是因为家里总是有除自己以外的其他人，所以才切实地体会到拥有独处时间的重要性，更想要独活。

顺便一提，我认识的独活女子们，哪怕结了婚、生了孩子，还是会定期把孩子交给丈夫，自己一个人去看舞台表演，或者出去旅行。

说到底，独活就是一个人可以选择的一种生活方式。总是把独活和未婚率、孤独死放在一起讨论的那些媒体，大家千万不要被他们骗了。如果你有了恋人，结了婚，还是“需要一个人独处的时间”，这就是独活的开始。

给觉得“活得很辛苦”的人的独活建议

这世上有两种人。一种是和别人在一起时会感到很有活力的人，另一种则是和别人一起反而会觉得很累的人。这里我说的累更接近于精神上的累。为什么不同的人会有这样的差别呢？首先，我们需要了解，为什么会觉得精神上很疲累。

参加热闹的聚会，有的人很开心，有的人感到心累

所谓心累，在我看来，就是一个人和别人在一起时，总是看他人眼色行事，感到不安、担心，总想着要配合、讨好

别人，在外人面前掩饰自己，会不自觉地做出这些“内耗”行为。不仅是喜欢一个人待着的人，就算是喜欢一大群人热热闹闹在一起的人，也一定会有他自己都没有意识到的心累时刻。我想拿《勇者斗恶龙》[①]这类角色扮演类游戏打个比方解释一下。

那些喜欢一群人热热闹闹在一起的人，恐怕对于心累这回事更具耐受性。原本会伤100点血的地方，他们只会伤20点。相反，不具有耐受性的单打独斗派，则会扎扎实实地伤掉100点血。比别人多伤5倍的血，那滋味肯定不好受。

与他人在一起时受到的影响，不是只有“伤血”，和别人一同欢笑、分享，度过快乐的时光，还可以恢复HP（生命值，体力）。

假设你的初始HP是50，和别人待在一起又能恢复50点HP的话，那么受伤和恢复过后你的HP应该是这样：

集体行动派 初始HP50+恢复HP50-伤血HP20= HP80

单打独斗派 初始HP50+恢复HP50-伤血HP100= HP0

如果是一大群人去吃饭，集体行动派会比一开始增加一

---

① 由日本艾尼克斯（现为史克威尔艾尼克斯）研发的角色扮演类电子游戏（RPG）系列，这款游戏是游戏史上最畅销的RPG系列之一，在日本有“国民RPG”之称。

些HP值，然后就会认为“今天过得很开心”。单打独斗派却会因为感到心累而伤血，耗尽HP值。

如果是一个人度过休息日，按照“伤血”的计算方式，则会得出完全相反的结果。既然一个人随心所欲地独处，对本人来说会恢复HP值，而且单打独斗派一个人待着时，对“寂寞”“无聊”都具有耐受性，那么独活的生活方式，就能让他们恢复元气。而集体行动派没有这方面的耐受性，一个人待着的话只会减损HP值。

当然，实际生活中的情况并不是绝对的。哪怕是同一个人，也会根据当天、当下的心情产生不同的变化，或者比往常感觉更难受，或者比以前感觉更加精力充沛。关键在于你要思考自己现在想要过哪一种生活，然后诚实地过日子。

单打独斗派也有不同类型

以前我向大家公开表示自己喜欢一个人行动之后，有人和我说：“我也喜欢一个人出去喝酒。”我一听，马上回应道：“是吗、是吗？你也喜欢一个人啊？”然后很开心地和

独活TIPS 14

独活Idea　看完表演后，和大家聚在一块儿交流感受

经常一个人去看剧的话，可以通过社交平台和其他观剧爱好者变得熟络起来。看现场表演和搞笑漫才①都可以。适合想要结交志同道合的朋友的人。

① 类似对口相声的日本表演，起源于日本传统表演形式“万岁”，通常由两人组合进行演出。其中一人负责吐槽，另外一人则负责耍笨、装傻，配合对方的搞笑演出。

别人详聊起来，结果对方说："因为一个人去店里喝酒，可以和店家、其他客人畅快地聊天。"

我心想，不对啊，和我想的不一样。我是"因为不想和任何人说话"才喜欢一个人行动的，因为这样不需要和不认识的人交流。你看，同样是说自己喜欢一个人行动，仔细一问才发现，有可能讲的完全是两码事。这样的乌龙经常发生。

在"常光顾的店家"，不知道怎样把握与他人的距离感

同样是因为不想和别人交流，我也不喜欢经常光顾特定的某家店。不久之前，我会经常光顾住处附近街道上的某一家店。那是一个以实木为主基调的时髦日本酒吧。因为我喜欢这家的酱鹅肝，所以工作结束疲惫的时候，经常去那里消遣。当我想要阔绰一回，消除乱糟糟的心情时，也总是会去那家店。

由于工作关系，我需要收集发票。有一次，当我在那家店里要求给发票的时候，店家竟然默默地一句话也没说，就把写上我姓名的发票递给了我。从此之后，我就渐渐不再去那里了。

我心想，这家店成了我"常光顾的店家"。我和店员之

间已经产生了无声的交流，这个事实通过他写在发票上的姓名得到了证实。可我就是不想让别人意识到我的存在，不想要有人管我。对我来说，比起有意识地提前在发票上把我的名字写好，店员要是每次都来问我该写什么名字，这样更让我感到舒适。

把交流沟通调成省电模式

顺便一提，那些喜欢和不认识的人及店员交流的单独行动派，他们认为这样互相交流信息是很有吸引力的。比如关于食材不为人知的故事，关于街道的情报，关于只提供给常客的神秘菜单……然后就会深切地体会到自己的沟通能力大涨。可是，即便如此，海洋生物只能在海里生存，陆地生物则只能在陆地上生活。如果无法用鳃呼吸，就只能选择其他生存方式。

在和他人的沟通交流上，我是一个很容易耗费精力的人。许多人和别人说话时，如果是耗1度电的话，那么恐怕我得耗掉10度电。这样下去，很快就会欠费。对我来说，独活就是省电模式。为了不让自己活得辛苦，我会采取不消耗能量的、舒适的生活方式，因此每天都在独活。

独活TIPS 15

独活Idea　**就算不是出差，也可以住呀！一个人去住商务酒店**

商务酒店一个人也能轻松入住，那里是一个可以悠闲自处的独活场所。最近出现了各种不同主题的酒店。不妨一试，转换一下心情！

专栏

独活的借口❶

有的人就是感觉一个人行动很不好意思……为了那些在意他人眼光的人，我收集了一些可以默默在心中安慰自己的借口。每个人其实没有自己想象的那样在意别人。也就是说，一个人行动会不会感到羞耻，说到底都是自己在那里纠结。因此，我们需要一个“借口”，在心里支持自己。一个人的时候，在某个地方抱着一个“借口”，就不会感到害怕了。如果你在独活的时候感到羞耻，可以想想这些“借口”，克服心理障碍。

借口

接下来我要去约会

场景❶

一个人走在圣诞节的大街上

圣诞节那天，当你不想要一个人走在霓虹灯闪烁的大街上时，请试着冷静地观察一下四周。你会发现，其实像你一样一个人走路的人还有不少。除了是工作完回家的，还有马上要去约会的。只要是没有和想见的人住在一起，奔赴约定地点的路上都是只身一人。所以你只要露出一副“接下来我要去约会”的表情就行了。

借口

我是美食博主哦

场景❷

一个人在饮食店里的时候

没关系，这世上有一种叫作美食博主的工作。美食博主每天为了找到美味的料理，需要一个人四处奔走。无论是去拉面店还是烧烤店，都是一个人——没错，我现在一个人在吃饭，就是因为我是美食博主，由于要现场取材所以才会来这儿。这样想着，拿出笔慢慢地写点什么。试试吧，这样的话，即便一个人待着，也不会有什么奇怪的吧？

第2章

关于「独处会觉得不好意思」的问题

一个人去吃烤肉为什么会感觉难为情？

要进行独活，最大的障碍就是“会感觉难为情”。在找我来咨询的那些对独活感兴趣的人中，许多人都表示“会在意其他顾客的眼光”“会在意店员的目光”。无论我怎么传递出一个人有多快乐、有多少好处，一个人行动有多自由自在，在“难为情”面前都会感到无能为力。

有的人可以轻松自在地一个人去迪士尼乐园

有的人可以一个人去到处是三口之家和情侣的迪士尼乐园，自在坦然地一个人玩，而有的人就算是让他去卡拉OK

包房待着，都会觉得不好意思。是否会感觉难为情之所以因人而异，是因为其程度根据每个人各自先入为主的观念而有所不同。

做不到一个人去吃烤肉的人，心里的想法可能是“烤肉是要和大家一起吃的”。有的人无法一个人去吃烤肉，但是可以一个人去吃拉面，就说明这个人心里是觉得“吃拉面可以一个人去吃”。是否感觉难为情，没有明确标准，因此对于“哪些地方可以一个人去”，每个人都有不同观点。

你和我，其实都只是路人

每个人都在和潜藏于自己心中，那个叫作“难为情”的怪物战斗着。想要一个人去吃拉面却不敢去，只能在拉面店前走过；或者晚上一个人想要去吃烤肉，结果半路上又拐进了家庭餐馆。

可是，“感到非常难为情”这个事，其实也只有你自己知道。如果你一个人进了一家店，里面的其他人并不会知道你因为“一个人吃烤肉太难为情”而反反复复纠结许久。没关系的，人是那种对其他人并不太感兴趣的生物。

打个比方，昨天你和朋友出去吃饭了，当时店里一个

独活TIPS 16

独活Idea　**一个人去酒吧有点难……**

对于想要初次挑战一个人去酒吧的女性，我还推荐去迪士尼海洋乐园的豪华客船“S.S.哥伦比亚号”里的酒吧“The Teddy Roosevelt Lounge”！

人用餐的顾客有多少，你能说出来吗？那些一个人来吃饭的顾客是什么表情，吃了什么，在店里怎样打发时间的，你还记得吗？除非是遇到身着奇装异服、头顶独特发型的人，或者说话声音奇奇怪怪的人，一般顾客都是普普通通地来，平平常常地走，在其他人眼中只是背景的一部分罢了。在我看来，你就是路人，那个人也是路人，所有人都是路人。在你看来，我也是路人，那个人以及随便哪个人，大家都只是路人。

与独活的意外相遇——“拉面事变”

那么，怎样才能跨过因为感觉难为情而产生的心理障碍呢？我认为，一个意料之外的事件或许可以成为好的契机。

我刚进大学那一阵，只敢一个人去咖啡馆或者家庭餐馆。那时我的同学对我说：“我要是想吃拉面了，就会立马一个人出门去吃。”仅仅因为这句话，一下子就打开了我的视野。我觉得这句话不是什么借口，单纯就是很帅气的一句话。女孩子竟然可以一个人去吃拉面……当时我才意识到，阻碍自己的累赘不是别人，正是我自己。没有谁告诉我别这么干，是我自己给自己设限，因在意他人的目光而一直忍耐着，自觉一个人行动是很不好意思的事。

如果想到吃什么就麻溜地出门，这是多棒的事呀！尤其是吃拉面，产生想要立刻吃到的想法的那一瞬间是最重要的。想要吃拉面的欲望是一次性、一瞬间产生的，非常强烈。现在！立刻！无论如何都要吃到！那种心情就像是马上要暴走一样，怎么可以等到再一一邀请同去的伙伴呢？总之，这次事件发生以后，我开始变得能够一个人去拉面店了，并正式萌发了独活的念头，就像是要弥补在那之前经受的无数次忍耐的痛苦似的。我把这次事件叫作“拉面事变”。

也许有些人即便遇到类似的“拉面事变”，还是“会在意其他顾客的眼光”，或者“会在意店员的目光”。那么我想告诉这些人一个事实。有一点可能你会觉得很意外，那就是在我常年的独活中，从没有遇到过会说以下这句话的人：“你看，那个人是一个人来的！”包括我身边的人在内，我也询问了相当多的独活人士，其中实际遇到过这种情况的只有两位。被别人当面说“你看，那个人是一个人来的！”这种事，现实中非常罕见。

独活TIPS 17

独活Idea　轻松体验非日常的悠闲！一个人坐夜间巴士旅行

虽然夜间巴士通常是人们为了省钱和省时间才会乘坐的，但是一个人前往深夜的高速公路服务区那种非日常的感觉也会令人很满足！你可以选择女性专用旅行计划，会更安心。

随着年龄增长，独活变得越来越容易

我大概是从40岁左右的同龄人和稍年长的前辈身上感受到了一点，那就是一个人对于独自行动的羞耻感，恐怕只有年轻时最为严重。

独活这件事，迈出最初的一步难度相当大。有些人一开始非常担心，可是真的行动起来，突然发现："啊呀！原来我做得挺好的嘛！"以至于甚至有人还会因为独活的难度太小而觉得扫兴。如果你之前曾和别人一起去过某家店，对这里的气氛比较熟悉，那么当你自己一人去的时候，相对来说也就比较容易进得去，这种方式比较适合独活新手。

对于之前去过的店和看上去容易一个人进入的店，判断到底能不能独自进去的这种嗅觉，会随着年龄增长和经验的增加而变得更加敏锐。于是在你想要开始独活的时候，随年龄增长而积累的这些经验将成为你的好帮手。

在“受欢迎”和“恋爱”的擂台上

另外，女性上了年纪之后，外界就不再期许她做一个可爱女生了。我认为这一点挺可悲的。年龄成了影响独活态度的因素。

现在的日本，有一个现象令人非常遗憾：只要是年轻女性，就很容易被人指指点点。不管本人实际上是否是可爱型的，“可爱女孩”就是这个社会的正义，是一个正确答案，于是常常被世人当成一个标准。因此，即使你想平静地生活，也还是会被别人擅自放到“受欢迎”和“恋爱”的擂台上，被迫一比高低。

比如说，我十几岁的那个年代，可以说是“受人宠爱

独活TIPS 18

独活Idea　**超高难度模式！一个人玩打西瓜[①]的游戏！**

没有人会提醒你“再往右一点”。这游戏考的就是记忆力，需要你记住最开始摆放西瓜的位置。因为有一定危险性，建议在没人的海滩上进行。

---

① 打西瓜是日本人夏天在海滨浴场非常喜欢玩的游戏，一个人用纱布蒙上眼睛，手里拿着木棒，在距离西瓜几米远处，先原地转上几圈，然后在周围同伴的提示下，找到西瓜并用木棒将其打碎。

的女子”的全盛期。留着蛯原友里①那种卷发造型的女孩，穿着一身轻盈可爱的摩登连衣裙，讨人喜欢的目的也是达成名为“结婚”的最高目标，这是那个年代无可动摇的正确答案。这些“讨人喜欢的”的要素堆叠起来，大概就容不下“独活”了。我认为，一个人年纪轻轻，被外界期待着做一个可爱女生的时候，会很容易觉得独活“难为情，可能会让自己看起来不受欢迎”。

明白了“我是我”，一下子如释重负

25岁以后，一个不留神就会发现自己已经过了30岁了。你要问我这个年纪有什么好的，那就是我卸下了身上的重担。相对于以前总是在意别人眼光而调整自己行为的那个我，如今的我已经开始思考那时的自己到底在烦恼什么了，心情也变得非常明快。

那么在意世人的目光，“这个不行”“这样做会不好意思”，总是给自己的行动设定各种限制——意识到这一点之后，我有了“终于从擂台上下来了”的感觉。那是一种如释

① 出身于日本宫崎县的知名模特，以担任小学馆出版的女性杂志*AneCan*专属模特而知名。

重负的感觉。如今，哪怕自己在那个擂台上被人摔了出去，我也具备了一边放声大笑一边自嘲的胆量。

这一切改变都是年龄增长的功劳。原来上了年纪之后，生活会变得这么棒啊。

也许你明天就意外地立马开始独活了

关于独活而产生的“羞耻感”，其实有一个谁都能克服的办法，那就是要找到一个一定要一个人行动的理由。某位女大胃王曾说过：“我到外面就餐只会吃自助餐，因为我这胃口，要是到普通的店里吃，估计得花不得了的钱。所以我不可能说一个人吃自助餐很不好意思的。（笑）”像这种食量比普通人多很多的人，在觉得一个人不好意思之前，首先要考虑的是吃饭问题。

从容实现独活的“素食主义时代”

做模特的玛丽（化名，27岁）说：“我只敢一个人去咖啡馆，大部分餐厅我都不好意思一个人去。”她说吃烤肉和拉面都讨厌一个人去，就连去普通餐馆也会觉得难为情。

但是她转念一想，好像只有因为要节食，需要过素食生活的时候，才做得到去哪里都可以一个人。吃素食的日子里，就算是和其他人一起去吃饭，也唯独只有自己不能点和别人一样的食物。而且，素食者通常会去有专门素食菜单的餐厅，如果朋友不愿意一起前往的话，自然而然就会产生还是一个人去比较好这种想法。这就好像因为留学，不得不被放到国外的环境中，无论你愿不愿意，都得学会说外语。

玛丽还表示：“吃素食的那段时间，因为去哪里我都是一个人，所以就有了自己变强了的错觉，心想，我还挺会独活的嘛！不过结束了吃素食的日子之后，一下子又回到原点了（笑）。说明我这是‘按需独活’啊。可是我也没有勉强自己要独活，本身就很乐意这样做。一个人出去吃饭的话，可能会遇到同样吃素的伙伴，还能随意步行前往各种地方。根据所处的状况，自己会觉得开心的事情也会不一样呢。”我认为她的这段话就是我想说的全部意思了。

独活的第一步：忠实于自己的心情，将心态放轻松

“我一个人出门会觉得不好意思……怎么做才能独活呢？”曾有人非常严肃地来问我这个问题。我觉得，如果你现在感觉践行独活这件事还是很不好意思的话，也不用勉强自己。即便如此，你如果还是想尝试一下，或者已经做好心理准备了，觉得自己独自做某件事应该能行的话，就算是迈出了独活的第一步。

像玛丽那样，原本感到难为情的心情，会随着自己所处环境的改变而轻易消散。这样想来，是不是就感觉挺轻松的？人的心情是会流动变化的。即使是今天你还觉得不好意思做的事，也许到了明天，或者一个月、一年以后，心态就会一百八十度大转变呢。

独活TIPS 19

独活Idea　**为自己放烟花！一个人的烟花大会**

不用真的去烟花大会现场，自己举办一场吧。在烟花专卖店购买华丽的烟花，一个人也能点着玩儿。最难的是找到可以燃放烟花的场地。

学校是人生中最难以进行独活的地方

独自一人，意味着一个人有勇气做出一些与“大家”不一致的行动。就这一点来说，独活最难进行的地方，我觉得就是学校。

学生上学期间，学校就是全世界。来自老师、朋友的评价，人际关系，等级制度……学生会认为这些就构成了世界的全部。而且，曾在学校里集体行动的经历，通常也是令人们越发觉得“独自一人很难为情”的原因。

新学期到了。从踏入教室那一刻起，求生游戏就开始了。从那时起，根据想法、兴趣、穿衣风格、参加社团、长相、气质等，从各方面感觉“这个人和我很像”的话，人们就会互相抱团。一切都是为了在教室里生存下来。因为不想被集体中的其他人忽视，有时候你只能掩盖自己的真实感受，让别人以为你和他们是相似的。

教室里流淌着“大家要一起行动”的气氛

我在读初中和高中的时候，为了和朋友说上话，明明自己不喜欢的衣服也会说喜欢。对于自己真正喜欢的事物，我从没有和任何人讲过。关于喜欢玩的游戏的话题，我从不在学校里谈起，而是每天回到家一个人默默地玩。如今敢于公开说自己喜欢玩游戏的女孩子越来越多了，但是大约15年前，那时候女生根本无法光明正大地告诉别人自己是游戏宅女。要是被别人觉得你“好像不受欢迎”“好像性格阴郁”，那就完了。实际上，在学校里，一个人不光害怕自己不受欢迎，而且“不想和不受欢迎的人有瓜葛”，因为这样有可能连同性朋友都会减少。

独活TIPS 20

独活Idea　**享受春分！一个人撒豆子**[①]

不如尝试一下一人分饰两角，既当鬼又做撒豆子的人。戴好鬼怪面具，对着自己的面具撒豆子，体验一把除灾求福的感觉。

---

① 在日本，立春前一天人们有撒豆子驱邪的习俗。首先把炒熟的黄豆供上神龛，晚上打开门窗，一边喊“鬼出去，福进来”，一边撒豆子驱鬼。——译者注

还有就是，要是你进的是允许穿私服的高中，那么你的处境也不会好到哪里去。身为女性，一个女孩子从初中开始，总是无法避免和同性聊关于买衣服的话题。那种感觉就像是每天在教室里举行试镜活动一样，大家把穿得土的和穿得好看的女孩进行分类，评头论足。

那时候，大多数女生都会买non-no杂志①，少数很擅长穿搭的女生会读CUTiE。女孩子们都流行穿LOWRYS FARM和OLIVE des OLIVE牌子的衣服，如果有人买了HYSTERIC GLAMOUR的衣服，那时髦度评分可就相当高了。

以前我常去买衣服的一栋服装大楼里就有一家HYSTERIC GLAMOUR分店。我偶尔会走进去逛逛，但是左看右看都找不到适合自己穿的款式。翻了价目牌一瞧，那价格贵到就算我花光零花钱也买不起的程度，于是什么都没买成，又两手空空、满心沮丧地出去了。

说起杂志，在那以前我只读过类似《花与梦》和《少年GANGAN》这种漫画杂志，而为了和周围人有话聊，不得已才去定期买服装杂志看。就算没能变时髦也无所谓，只

---

① non-no是日本集英社发行的老牌女性时尚杂志。CUTiE也是日本知名的流行装扮杂志。

要达到“普通”的合格线就行。为了变成“普通”女生，我拼命翻看时装杂志。因为长得美，穿什么都很合适的那些模特，在一周七天穿搭的页面上展示着微笑。我不知道这种东西到底对我能有多少参考价值，但是至少让我明白了一点——只要穿上和杂志里的衣服相似的行头，就不会暴露自己的不自信。这样做，是在向外界传达“我和大家是一样的”。

交友人数可视化的“实名社交账号羞耻”

如今这个时代，学生通过互联网就可以了解学校以外的世界。虽然这样挺便捷的，但是好像最近出现了“实名社交账号”的问题。所谓“实名社交账号”，是指在网络中开通的以现实生活中认识的人为基础的社交账号。

一个十几岁的女孩子说：“我不想玩微博了。我们班上受欢迎的同学开的账号，同年级的人还有学姐、学妹都会去关注，所以她们的粉丝和点赞数都很多。她们只要上传一张在星巴克喝咖啡的照片，就能获得60个点赞。在社交平台上，班级里的等级现象被可视化了。”这确实让人感觉身在地狱呀。

即便你只是为了好玩才建立了社交账号，但对于学生来

独活TIPS 21

独活Idea　在电影院的豪华座椅上奢侈一把

一个人去电影院，我推荐各位选择豪华座椅。不用在意邻座的目光，你可以坐在非常舒适的椅子上完全沉浸于电影世界！

说，每天的生活重心还是以学校为主。以前那种“虽然看不见，但确实存在”的所谓在学校是否受欢迎的等级排名，如果按现在这样，以粉丝数和点赞数的形式被呈现出来，我想也许会比如今的学生所处的环境还要可怕好几倍。

那个十几岁的女孩子还对我说：“我喜欢一个人单独行动，但还是会忍不住羡慕朋友多的人。”她总是在“想要一个人待着”和“想和大家在一起”这两者之间徘徊不定。

因为我们所处的世界，是以朋友数量、获得点赞数等进行评价的。无视这一评价基准就去开始独活，应该很难跨出第一步吧。

一个让自己有归属感的团体

另外，朋友众多、生活高调的学生在学校里是否就高枕无忧了呢？似乎事实并非如此。一位名叫艾丽莎的女生（化名，27岁）表示：“我从初中到大学，都是在所谓学校等级金字塔的最顶端。”她跟我说，即便如此，她的学校生活依然如履薄冰。

“为了不被所在集体排斥，总之先得扼杀自己的本性，不断迎合朋友。如果有一点儿小地方没有配合她们，第二天开始就没我待的地方了。我记得刚入学的时候，我就和同我看上去差不多的同学关系变好了，可是现在仔细想想，那并不意味着我们就是志趣相投。那时我们还没成年，不懂得要宽容彼此的不同之处，即使有不同意见，也绝对不会说出口。总之，那时候一群人在一起，如果不经常感到有共鸣的话，就会非常有压力。哪怕我遇到了所在集体之外感觉很合得来的朋友，也只能悄悄地来往……”

这就是为了保住自己屈身之所的“营业性友好关系”。而学校里的大部分小团体，与其说是因为成员们彼此兴趣相投而聚在一起，倒不如说更多的是为了保住自己在教室里的地位而建立的一个类似互助会的团体。

“一个人=难为情”，把这句话从心里抹去吧

不仅是平时休息时间，还有远足、修学旅行，中午打饭，值日大扫除，小组活动——在学校这样的空间里，时常强调集体行动。因此，推崇一个人单独行动的做法，基本上等同于一个无解难题。在我接收的咨询中，有不少人反映：“上初中的时候，我曾经有一段时间没有加入任何小团体，只是一个人悠闲快乐地独自学习，结果却被老师叫过去问，‘你不要紧吧？没有朋友吗？’”从而令她们陷入抑郁。

独活TIPS 22

独活Idea　发泄压力！一个人玩《桃太郎电铁》游戏

把难度调低，轻轻松松地把敌人好好修理一通吧，这样《桃太郎电铁》就变成了一个能把全国各地的物产都买得七七八八，很容易就能攒下好多钱的快乐游戏了。

如果你之前过的是这样的学校生活，那么解决方法只有一个：毕业之后，告诉自己没有必要再被当时的评价标准束缚，要重新将“一个人行动会感觉不好意思”的概念从心里抹去。

虽然每个学校和公司的氛围不同，但是只要成为大学生或者将来进入社会开始工作，无论是时间、金钱还是人际关系，都会发生与你之前完全不同的大转变，变得自由起来。加油吧，学生朋友们！

从公司里的“女子力生存游戏”里活下来！

上一篇提到的关于学生时代经常会烦恼的问题，其实根据环境的变化，在进入社会工作之后，还会卷土重来。花梨（化名，26岁）是在一家贸易公司就职的普通职员。我们以她为例，来看一下职场人士在进行独活的过程中会遇到哪些障碍。

周围人眼中期待的你和你内心的自我存在差距

花梨长得很漂亮，是一个喜欢玩电子游戏的宅女。休息日里，她经常和朋友一起玩狼人杀等桌游。相对地，同为公司普通职员的女同事们，平常的话题主要是美容、逛咖啡馆和购物等。与同事们兴趣上的不同，加上公司里的氛围，令花梨很是困扰。

据私下了解，她所在的贸易公司对于普通职员的录取标准之一就是颜值要高。有时候，她会被销售同事拉去当作接待人员。有时候，身为新入职的女员工，又会被拱到舞台上表演跳舞。总之，周围人都期待她展示出所谓女孩子该有的样子和作用。这个时代竟然存在如此公然的差别对待，令花梨非常苦恼。虽然她感到很难过，但这就是现实。如果她本来就是这样的女孩也就算了，可她不是这种类型。

为了在公司里吃得开而伪装自己

花梨进公司上班后，最开始做的一件事，就是创建了Instagram账号，搜索位于表参道的那些漂亮咖啡店的信息，然后记在脑子里。这样做都是为了和公司女同事们有共同话题。因为到了午休时间，她们就会一起去吃午餐，她就得记住这些信息，以便午餐时聊天有话说。她经常会和别人说："××咖啡馆很不错哦。"而事实上，她可能根本没有去过。正因如此，花梨对于从没去过的表参道的咖啡馆，可谓是如数家珍。

花梨叹气道：“如果我的兴趣不是打电玩，性格也不是这样内向的话，说不定现在已经和一个喜欢五人室内足球和烧烤的贸易公司精英举办了盛大的婚礼了吧，婚礼上说不定宾客满堂，可以叫来一百多号人呢！但现实是，我最不擅长这样的场面了。”即便如此，花梨之所以每天还是拼命掩饰自己是个游戏宅女的事实，就是因为考虑到要长期工作下去，必须继续伪装。

花梨继续道：“只要有一点点让人觉得‘那个人好奇怪啊’的情况出现，公司里的女员工中间马上就会传出关于我的坏话。所以我不得不伪装成和所有人都一样。对我来说，每天都像是生存游戏一样。”以前，她也曾主动向同事提及自己喜欢的游戏，但是对方一脸不明所以的样子，于是她马上就不再提了。综合考虑现在这份工作的工作内容和薪资，她不想换工作，所以才会选择压抑自己的本性。

在我看来，如果要勉强自己去配合那些明明与自己道不同的人，还不如一个人单独行动。但是，对于花梨这个例子，不能只是简单地劝她一句：“你就无视公司里的人，自己一个人行动不就好了？”“如果和周围人合不来，就不要勉强待在一起”——为了实现这一点，有一个大前提，就是要有一个没有阻碍的环境。花梨提到过“公司里的女员工中

独活TIPS 23

独活Idea　休息日可以在家玩的各种活动①

可以玩大型拼图游戏，熬夜看国外电视连续剧，观看超级大制作的电影，或者DIY做点小东西，拉拉筋、活动活动身体。

间马上就会传出关于我的坏话”，从这一点可以看出，那家公司的氛围应该是相当闭塞的。如果贸然采取“我就是不要和大家一样”的态度，说不定还会给工作带来麻烦。

特意不去满足周围人对自己的期待

从某种意义上说，也许就是因为花梨包括外貌在内都伪装得太好了，反而对她不利。这就好比在学生时代，在换了班级之后，学生们会凭借彼此的外表印象，觉得哪些人像是自己的同类，由此来拉帮结伙。花梨在公司里也在期待自己被别人认定为她们的同类。而如果一开始的时候，她就被大家认为不是她们同类的话，她反而会轻松一些。所谓“不是同类”，用不太好听的说法，就是被别人觉得：“那个人看上去像宅女（和我们不是同一类人呀）。”

我自己就是宅女，而这并不完全是坏事。尤其是进入职场以来，周围的人都到了有明确边界意识的年龄，大部分人都不会因为发生过纠纷而把对方当成自己的敌人，而是大都会尊重彼此的个性。从长相、妆容和服装给人的整体印象等方面，在一开始就告诉别人“我是外星人”，咱们两个星球之间先把互不侵犯条约签了，后面搞外交的时候也会比较轻松。

下决心试着改变一下“人设”

虽说花梨的处境有点四面楚歌，然而在我看来，实际上花梨的想法也很固执。她认为“女人就应该隐藏真性情”。在她的心底，有着根深蒂固的“作为女人无法舍弃的自尊”。花梨拼命拗出光鲜亮丽的美女OL形象（起码外表看上去如此），在外人眼里，她就是人生事事如意的一个人。虽然这是她所扮演的、不让世人发现真面目的伪装角色，但我觉得也不是想不扮就马上能不扮的。即便如此，只要花梨下定决心改变自己，她就自然可以向散发宅女气质的形象转变。如此一来，她公司里的女员工们一见到她的变化，估计马上就作鸟兽散了吧。沉舟侧畔千帆过，病树前头万木春。到时候，说不定她们连说坏话的力气都没了，心想“那家伙好可怕”就完事了。原本的女同事团体解散之后，花梨也就可以在公司里一个人平静地过自己的独活日子了吧。

独活TIPS 24

独活Idea　休息日可以在家玩的各种活动②

把以前通关的游戏再玩一遍，把看过的漫画再从第1卷开始重新看一遍，或者在家里种种花草，做做面包，手工自制荞麦面，或者自己做做熏肉。

专栏

独活的借口❷

有的人就是感觉一个人行动很不好意思……为了那些在意他人眼光的人，我收集了一些可以默默在心中安慰自己的借口。

场景❸

在纳凉小船、俱乐部等一些喧闹场所

一个人乘坐纳凉小船的时候，其实我也会觉得心情低落。周围都是三五成群的游客，没有人是一个人单独来的。但是，就算是成群结队来的人，偶尔也会落单。不管是谁，去洗手间都是一个人去的嘛。我就对自己说："此刻就相当于我一个人正要去洗手间，想上厕所呀！"这个借口不光可以用在纳凉小船上，只要是团体游客多的地方都可以用上。毕竟人肯定得上厕所嘛。

借口

现在我要去上洗手间

场景❹

一个人打保龄球的时候，被一群团体游客包围

自我暗示："不管怎么说，我反正是专业选手嘛，正在一个人练习。"这对于专业选手来说是理所当然的行动。没错！我就是专业保龄球选手，为了每日精进打保龄球的技术，才一个人来场馆练习的。当然了，偶尔也会洗沟啦。专业选手也是人嘛，偶尔也会犯错的啦，嗯嗯。

借口

其实我是专业选手哦

第3章

独活的时间 可以丰富人生

独自一人也能参加派对——一个人的万圣节

一般不管是什么活动，最后都会举办派对。如果遇到这种日子，你要一个人去参加，那该怎么办呢……不要留下会让你泪湿枕巾的惨痛回忆哦。下面，我想给大家介绍一下我一个人去参加各种派对的经历。我想告诉你们，一个人也能参加派对，并且同样可以乐在其中。

如彗星般出现的万圣节

最近几年，要说摘得大型活动桂冠的节日，莫过于万圣节。如彗星般出现的大型“新人”万圣节君，可谓是节庆界的灰姑娘。对我来说，身边是没有朋友会喊我一起参加万圣节派对的。但是仔细想想，万圣节原本就是要把南瓜挖空，套在身上来伪装自己，然后走到街上去的活动嘛。这种程度，一个人完全可以办到。我这个人吧，虽说是那种社会上越流行什么，越会暗暗地咂嘴、不屑一顾的人，但老实说，要是没去成，心里还是会有点不甘。就算一个人可怜巴巴地不停咂嘴鄙夷，万圣节热潮也不会结束，那倒不如自己改变形式，摸索出让自己愉快参与的方法。

心心念念的自制“南瓜灯笼”

为此，某一年到了万圣节，我决定自己做南瓜灯笼。因为我想亲自尝试挖空一个南瓜。在所有蔬菜当中，南瓜能排进我最爱蔬菜排行榜的前五名。用眼睛看、用嘴巴吃、用手摸，南瓜不仅长得可爱，吃起来美味，外皮光滑，摸上去的手感也很棒。所以，对于万圣节的主题是南瓜这一点，我是抱有非常大的好感的。这段时间，在街上看到前面人潮汹涌，到处都是南瓜，我开心得不得了。

经过调查之后我才知道，原来每年到了万圣节，各地都会举办制作南瓜灯笼的活动。去参加的话，主办方会给你一

独活TIPS 25

独活小窍门　如何更有效地利用一个人的时间

平常上网的时候要是发现自己中意的店，马上就记下来列一个清单，这样很方便。无所事事的时候，就可以参考自己的清单来独活。

个南瓜、一支油性笔、一把小刀、一个勺子，还会发一张写有制作方法的说明。但是，现场不会配备教大家如何挖空南瓜的指导老师。工作人员的表情就好像在说："行了，之后请你们自由发挥呗。"这与我原本想象的有点不一样，当时我感到有些不知所措，不过照着制作说明来做，好像谁都可以在20分钟左右做好。

享受"一个人的万圣节"

根据制作说明上的指示，首先要用油性笔画一张脸。之后要按着这幅画上的脸，在南瓜上刻出同样的形状。画完脸之后，下一步就要在南瓜底部挖一个圆口。顺便一提，最后在南瓜里面放蜡烛的时候，被挖掉的底部就会被当作盖子。尽量把南瓜里面挖得干净一些。用刀一点点划开，然后把刀插得更深入之后，就可以利落地开出一个洞。

南瓜底部开完洞，用勺子刮出里面的瓤。像这样吭哧吭哧地挖瓤，感觉还挺爽的。

取出南瓜内部的瓤之后，接下来就是制作南瓜笑脸了。沿着方才用油性笔画的眼睛、嘴巴的轮廓，用刀切进去。不要一下子完全切入，一开始只要在南瓜表皮上薄薄地剥下一层，中央部分再用刀刷刷地刺入，这样更容易挖通。

挖通之后，再沿着之前用油性笔画的线条，一点点削皮，调整形状。依次挖通右眼、左眼、嘴巴，然后就算完成了。确实只用20分钟左右就做好了。将点了火的蜡烛从南瓜底部放进去，再把房间里的灯关了，南瓜熠熠生辉。这样可以默默操作的活动，也许确实和“一个人的万圣节”很搭调。

潜入疯狂之宴“涩谷万圣节游行”

那么，变装该怎么做呢？近年来，一到万圣节当天，涩谷就一片混乱，甚至需要出动警察维持秩序。要是人那么多，一个人去和一群人一起去，其实也没有太大区别吧。我手里拿着在网上买的带有贴纸面具的蒙娜丽莎变装衣，前往涩谷的八公像附近。要说我为什么选择变装成蒙娜丽莎呢？因为这套衣服我可以折起来拿在手里，并且只要往脸上一贴就变装完成了，连找地方换衣服都不用。像这样迅速参加、迅速回家的效率，很适合独活。

这次活动如我所愿。在一个人多到没地方落脚的非日常空间里，不太可能在一大群人中间，还会感到一个人行动很不好意思。这样的场合，用“趁乱行事”来形容再合适不过了。对于喜欢参加万圣节活动的人们来说，和那么多人欢闹

独活TIPS 26

独活小窍门　**一个人没事干的时候，可以登录社交软件发发帖①**

在你的社交账号上发帖，配图写一句“一个人吃烤肉中”，吸引别人来给你点个赞。对于一个人行动会感到寂寞的人来说，消除寂寞感是很重要的一点。

都忙不过来，除了他们自己，其他人都是路人。万圣节这个活动，意外地还挺好参加的。所以你一个人也可以在万圣节玩起来哦。

但是有一点，如果为了拍照片，拎着三脚架走到小路上的话，中途就会有路人向你投来诧异的目光。有句话叫作“藏木于林”，混迹于人流中，孤独感也会消失。只要是待在八公像周边最热闹的地方，无论是一个人还是一大群人，大家在当下都成了万圣节活动的“演员”。

烤全鸡和感到寂寞的原因——一个人的圣诞节

圣诞佳节，倍感寂寞——这是一个非常经典的劝诱句式。“圣诞节你一个人过吗？好寂寞。”这样一句话，就能让寂寞的人们聚在一起，鸟儿欢唱，花儿绽放，世界也变得和平了。等到圣诞节过去，在一起的人们又会再次分别。这个句子，可以说是冬季的风物诗。

为什么“一个人过圣诞节”会寂寞呢？

每年一到12月，我就会收到这样倾诉自己烦恼的来信：“圣诞节我都是一个人，觉得很孤单。”我的这个专栏，并不是想说自己收到特别多圣诞节活动的邀请，而是因为想要尝试各种各样的“独活”而开始写的。所以来信的读者也都是真的遇到了烦恼，才会找我咨询。他们想让我回答，有什么办法可以让自己一个人愉快地度过圣诞节。

不知道为什么，明明没有其他人灌输过，学校里也没学过，但是人们总会有一些共通的认知，比如“一个人过圣诞节会寂寞”就是其中之一。可要是你让他们解释为什么会感到寂寞，他们又说不上来。

一个人过圣诞节，真的是一件寂寞的事吗？我这个人讨厌凡事得过且过，一定要打破砂锅问到底。如果你会感到寂寞。那是因为什么呢？就算是孤单、寂寞，也要先知道前因后果再去寂寞吧？于是，我在某年冬天，决定一个人举办圣诞节派对。

如果一个人举办圣诞节派对……

我还做了一只烤鸡，做好派对的准备。虽然只是干这样一件事，只是一个人在家做菜，我也戴好了圣诞帽和鹿角发箍，一副参加派对的打扮。

等待烤鸡烤熟的过程中，我把挂在圣诞树上的丝带裹在身上，又戴上圣诞帽，然后自己拍照片玩儿。顺便提一句，烤全鸡看上去似乎很难做，其实相当简单。买一整只鸡回家后，按照说明制作，大约1小时就能完成。

既然说到了一个人办圣诞节派对，那就不得不提到《巨人之星》这部动画片里的桥段了。这是一部十分有名的作品，讲述主人公星飞雄马在父亲星一彻的指导下接受棒球英才教育的故事。

因为某个理由，《巨人之星》的主角星飞雄马突然想要举办圣诞节派对。他把房间装饰了一番，买了特别定制的大蛋糕，然后给别人发出邀请信，满心雀跃地迎接圣诞夜的到来。然而，约定的时间过了，却没有一人前来。等待着星飞的只有宾客们接二连三发来的联络，纷纷称自己不能出席了。最终那天没有一个人来参加他的圣诞节派对。

星飞雄马一边哭，一边把棒球扔向事先准备好的蛋糕和圣诞树。巨大的餐桌上，雄马一个人孤单地坐在那里。时钟整点报时的声音在布满各种装饰的宽敞房间里回响着。看到这一幕，所有的观众想必都流泪了。这个故事情节，使星飞雄马的形象留名于一个人办圣诞节派对的历史，给大家留下了深刻的印象。

和星飞雄马遇到的情况相比，要是最初就决定圣诞节派

独活TIPS 27

独活小窍门　一个人没事干的时候，可以登录社交软件发发帖②

一个人待着的时候，通常处于谁都不来接茬儿的所谓“放空”状态。你可以用社交软件给别人留个言、点个赞，和别人吐吐槽。

对一个人办、一个人参加，那就没什么好难过的了。烤箱提示烤鸡熟了的声音一响，就意味着派对可以开始啦。如果本来就没有邀请其他人来，也就不存在因为被客人放鸽子而觉得伤心的问题。

这样剖析下来，我们之所以会认为“一个人过圣诞节会寂寞”，正是因为对其他人有所期待。要是我也遇到像星飞雄马这样的情况，明明邀请了朋友，最后却没有一个人应邀前来，肯定也会觉得寂寞无比。而对于为什么会感到寂寞，分析一下原因就知道，是因为我们原本期盼着别人到来，这份期盼到头来没有得到满足。

“一个人过圣诞节=寂寞”背后的真相

一年当中，一到圣诞节就感到寂寞的人越来越多。这是因为人们有一个刻板印象，认为“圣诞节就是要和别人一起过”，因此就对这个节日有所期待。电视上放着一家人在一起吃烤鸡的广告，大街上放着《你一定不会来了》这种哀叹孤单的歌曲。人们就像是受这些事物影响一样，总是渴望着和别人一同度过节日。一个人的目标（或者说价值观）是期盼着能“和别人一同过节”，若这份期盼未被满足，就会感到寂寞。

想要抑制住这种“期待”，最好一开始就下定决心“一个人举办圣诞节派对”，在心里有一个“不做过分期待的目标”。

也不知道是哪里来的人输出了“圣诞节要和别人一起过才幸福”的价值观，如果盲目跟从这样的观点，那你一定会一直寂寞下去。

我幸不幸福，由我自己决定。

独活TIPS 28

独活小窍门　**一个人没事干的时候，可以登录社交软件发发帖③**

在社交软件上发帖说:“正在一个人吃拉面”，把某件事变成段子，就可以消除觉得自己“一个人行动很不好意思”的心情，这样就更容易进行独活。

参加者只有我一个人——高级轿车女子会/章鱼烧派对

一般来说，在店里举办一个人的派对，从费用上说，性价比并不算高。因为大多数情况下，你必须一个人支付店家要求的最低人数标准的费用。我在第40页也提到过，租高级轿车一个人办派对的时候就很烧钱，最便宜的套餐也要付3万日元左右。如果一群女生盛装打扮，预订了这样的套餐，在高级轿车里开香槟玩乐，5个人平摊下来，每个人需要付6000日元；10个人参加的话，每个人只要付3000日元；要是只有一个人，当然就得独自负担3万日元的费用。虽然这么说，但只要你有工作，这个价格也绝对不是付不起的数字。

如果你手里比较宽裕的话，建议可以尝试一下这项独活。

对了，如果是租高级轿车，司机会来约定的地方接人。一般情况下，比如一群女孩子坐进轿车里，旁边路人一看，就知道她们是去开派对的；要是路人看到只有一个人坐上车，说不定还会误以为你是“真正的大小姐”呢。

一个人办章鱼烧派对有点难哦

我还曾经一个人办过章鱼烧派对。当时是先找到有章鱼烧派对套餐的居酒屋，而且那家店还提供给客人免费租借派对常用物品的服务。这样就能戴上浮夸的帽子，在墙上做些装饰，办一个像模像样的章鱼烧派对了。但是，这个套餐的打包价是按3人的最低参与人数来算的。3个人的话，每人是2700日元。那么如果只有一个人，就需要负担3个人的费用。通过这次经历，让我深深体会到办个“一人派对”太难了。

顺便说一下，这家店一份套餐里提供两轮章鱼烧的制作食材。因为大部分客人第一次自制章鱼烧不太习惯操作，基本上都会烤焦一半。等底部烤熟之后，手就不能停，必须迅速沿着食材边缘翻卷出一个圆形。各位以后一个人去办章鱼烧派对的时候，务必注意这一点哦。

独活TIPS 29

独活Idea　可以举办章鱼烧派对的店家

如果挑连锁店的话，像“鱼民”“笑笑”等Monteroza旗下餐饮集团的居酒屋，或者“田中炸串”里都有章鱼烧畅吃套餐。每家店具体情况不同，需要提前确认。

一个人办派对并不孤独

总之，一个人办派对有什么好处呢？那就是无论是主办方、参加者，还是制作章鱼烧和享用章鱼烧的人，都是你自己。一个人之所以在派对上会突然感到寂寞，通常是因为会场里人很多；有的人会聚集起来，形成一个个小团体，有的人则会感到有疏离感。如果派对上只有一个人，那就形成不了所谓的小团体，也不存在什么疏离感一说。再无可失，这是最强的。

在这里，我想插句题外话。为什么大家要把“趴体”（派对的口语化叫法）省略一个字，称之为“××趴”呢？比如圣诞趴、火锅趴、暖房趴、章鱼烧趴，听上去如何？但我实在叫不出口。这种叫法，总感觉特别不着调。

不过，我原本就很难接受新鲜词汇。有一年过年，我的手机（当时还没用上智能手机）上突然收到了写有“新快”（あけおめ）、“今请多关”（ことよろ）的信息。那年是开始流行将“新年快乐，今年也请多多关照”（あけましておめでとうございます，今年もよろしくお願いします）的问候语进行缩写的第一年。我记得当时第一次收到这样缩略用法的问候语，一边感到一头雾水，一边还是一字不差地回复道：“新年快乐。”（あけましておめでとうございま

寸。）直到今天，我都没有用过缩略的问候语。在我看来，绝不能把严肃的新年问候省略几个字。我就是觉得很不好意思，无法忍受会熟练运用缩略语的自己。你周围是不是有这种类型的人：“从最初认识山本先生开始，就一直称呼其为山本先生，就算后来关系变好，也怎么都叫不出‘小山’。”我就是这种人。另外还有一种人，“虽然有交往的男朋友，但怎么也不好意思叫男朋友小名，所以一直是用普通朋友之间的称呼方式”。这种人也属于我刚说的那类。

……啊呀，我刚说到哪儿了。对了，章鱼烧趴，“趴体”叫成“趴”。所以“一人章鱼烧趴”这种话，绝对不会从我嘴里说出来。我建议大家正儿八经就叫它“一人章鱼烧派对”好了。

独活TIPS 30

独活小器具　单人用火锅

一个人在家做火锅吃的时候，可以使用单人用的小尺寸电磁锅。单人用的锅子，既容易控制分量，清洗起来也很方便。

再次发现大地的魅力！享受一个人旅行的好方法

回顾过去，我读小学时，每天放学回到家一直到吃晚饭中间的4个小时，其实都在接受独活的“英才教育”。父母是双职工，我是独生女，我家又是在东京，邻里之间也不熟悉。每天我都会在脖子上挂一串钥匙，到了午后就回到空无一人的家里，闲暇时间特别多。

身为独生子女，才培养出来“独自玩耍的巧思”

在那些无论何时回家，都有父母和兄弟姐妹在家的人看来，也许会认为我这样的童年“似乎挺孤单的”。别着急下定论哦，我自己可一点儿都不觉得孤单。只要最初就觉得这样的日子是理所当然的，那么根本不会觉得孤单。“孤单”的感受，只有从“原本拥有什么”的状态变成“后来失去了”之后，才会体会到。

给一个人提供充足的闲暇时间会怎样呢？这个人自然而然就会想尽办法让自己闲不下来。像我的话，虽然小时候有大把空余时间，但那时候手上并没有多少漫画、游戏等娱乐工具。因此，我总是在绞尽脑汁，研究如何把同样一件玩具玩出不同花样。

那时候，我想要重复观看某部动画片的话，只能把电视上放的动画片用录像机录下来。有空的时候，我就自己播放那些动画片录像带，把里面所有的台词听写下来。另外，虽然我在家里的储藏室找到了掌上游戏机，但是游戏卡里只有打麻将一款游戏，所以我就自己定了一条游戏规则：“只需凑齐全都是汉字的麻将牌就算赢！”

我后来才了解到，当时我找到的那款游戏机就是和任天堂出品的掌上游戏机Game Boy几乎同期发行的世嘉掌机Game Gear，这是一款超级小众的掌机。直到过去20多年后我才知道，如果能顺利地“凑齐全都是汉字的麻将牌”，最

独活TIPS 31

独活小器具　单人用被炉

天气寒冷，想要窝在家一个人玩的时候，可以备一个单人用被炉。一旦彻底爱上这种小被炉，就能在家度过慵懒自在的幸福时光。

后可能是和的清一色[1]啊。

自定规则，让旅行更有趣

小时候培养起来的思考方式，如今在我独自旅行的路上也发挥着重要的作用。独自旅行的好处在于不用在意同行者，想干什么就干什么。这里我想推荐和人同行时很难做到的自定规则的旅行方式。

以前我曾经自创过一些独自旅行计划，比如“只吃纳豆的茨城之旅”“只吃内脏火锅的福冈之旅”。整个旅行过程中，餐食上严格按照自定规则执行，观光所到之处，必须和纳豆、内脏火锅有关系才行。无论是牛久大佛[2]、太宰府天满宫[3]，还是明太子那些当地美食，我都全部无视。因为我要遵守自己制定的规则。

其他一些观光场所，以后一定还有机会再去。如果是自己制定某个规则去旅行，不用打卡所有的观光景点，也可以

---

① 麻将用语，是麻将番种之一，指由一种花色的序数牌组成的和牌。

② 牛久大佛位于茨城县牛久市，是世界排名第二高的佛像，也是茨城县最高的建筑物。——译者注

③ 太宰府天满宫位于福冈县太宰府市，是在菅原道真的坟冢上建立的一座神社。

发现意料之外的旅行乐趣。例如，心里想着这次出来只找纳豆，那么光是在水户市的超市里发现了难得一见的纳豆，你也会感到很开心。

当然规则不一定都和食物有关。比如，制定一个“路上发现便利店的话，一定要把招牌拍下来”的规则，那么旅行路上只是发现了一家便利店，都会让你产生成就感。

有的人会说：“一个人旅行太没意思了。这样不就不能和别人共享旅行中的美好回忆了吗？”而我就是希望抱有如此想法的人去尝试一下自定规则的独自旅行。旅行的乐趣不只是和某个人共享而已。自己去主动发现什么，达成一些目标，一个人的旅行就是能获得这样的乐趣。

户外独活和“一个人”的败北

我想聊一聊我唯一一次感到失败的“独活”。那天，我兴高采烈地采购了食材，前往附近的烧烤场地。不对，准确地说，当时满心期待的是在高端超市里买到霜降牛肉。可是，买完之后出了超市，我的心情已经不在最高点了。

双肩包里塞满了炭和餐具，两手拎着食材和单人用小炉灶……太沉了，如果是一群人一起去烧烤，大家会一起分担着搬运物品。而一个人去烧烤的话，当然得独自搬运了，没有其他人可以帮你。

这一切都是为了独享霜降牛肉的烧烤美味。一大清早，我在烧烤场地上兴冲冲地为“一人烧烤”做准备。之前打电话预约的时候，工作人员问我几个人来，在我回答“一个人”之后，听筒那边脱口而出了一个字“啊？”就沉默了。恐怕至今还没有人是一个人来这个烧烤场地的吧。那名工作人员马上意识到自己的失礼，语气严肃地接着道：“啊，预约人数一人对吧？”不过，我想他当时的表情一定十分惊讶。

一个人摆弄烧烤，让我明白了一些事

实际尝试过几次一个人去烧烤之后，我切实感觉到，烧烤确实不太适合一个人弄。要搬的东西很重是一方面，另一方面，准备、收拾整理的工作，也要比一群人一起的时候花上几倍多的时间。怎么想都缺少人手呀。

最能证明我失败的，就是对火势的掌控。这一点也让我猛然意识到，以前参加的那些烧烤派对上，自己是多么依赖他人。鄙人自己一个人弄烧烤，是带着自个儿家里的瓦斯炉去的。我以为开下开关，点完火就完事了。但是事实证明，哪里有那么简单。

正式弄烧烤的时候，为了迅速点火，需要事先把炭摆放整齐。点上火之后，又要为了使火苗蔓延到所有的炭上而不停地扇风来稳定火力……亲自实践过之后我才明白，原来点个火都这么吃力。从前的我，对这些方面一概不知，脑子里净是抱怨，比如“肉怎么这么少”“蔬菜烤焦了都没人吃，那还不如一开始就别买啊”。想到这里，就觉得无地自容。

一个人去弄烧烤的那天，我花了4个小时还是没有生好火，最后是靠旁边的大叔帮忙才生起来的。在那之前，我一直固执地认为，任何事情都可以一个人办到，这回还是不得不服软，依靠别人的帮助。可谓是一次独活败北的经历。

有的独活也需要你有知识和技能

独活的难度如何，在于心理和物质准备两方面的困难程度。心理方面难度高的独活，会让你感到“羞耻”“在意他人的目光”。而物质准备方面难办的独活，光靠一个人的话会很辛苦，或者需要一定的知识和技能。

户外型的独活，比起心理上的准备，物质准备的难度更高。如果是平时经常进行户外活动的人，那就另当别论了。通常那些户外休闲活动，如果是一个人单独行动，绝不会轻松。这种活动在为数众多的独活选项中，属于物质、身体准备方面的难度较大的一类。

独活TIPS 32

独活小器具　单人烧烤用具

其实市面上有卖专供单人烧烤的小型用具哦。我一个人去弄烧烤的时候也会使用。

什么都要靠自己搞定——这样的成本，你最高能承担多少？一个人单独行动的舒适度和受他人帮助而感受到的舒服度，两者放在天平上衡量一下，你想选择哪一边呢？我已经认识到一点，那就是想要享受一个人的乐趣，一定得具备足够的知识和技能才行。

和人群在一起也并不是件坏事

前面写了这么多，我一直在赞美独活的好处，奉行一人万岁。但是最近我开始没那么固执了。虽然喜欢一个人行动的基本态度没变，但现在的我时常会想，偶尔和人群在一起不也很快乐吗？这样的想法频繁闪现，我尝试着找出背后共通的理由，于是找到了对我来说最重要的一些事项，比如“是否有目标”“参加的聚会必须是没有束缚的”。

这几年，我的大部分休息日都耗在了玩狼人杀之类的桌游上。其实选择这个娱乐活动是正确的。狼人杀等桌游，只需要自己思考，不需要和别人进行一些无谓的对话。既不用尬聊天气，说些场面话，也不用互问血型之类的话题。“你是做什么工作的啊？”“今天休息吗？”像这样没什么意思的话，谁都不用提，随便自我介绍一下，接着就开始玩游戏。

“我觉得狼人是A。”“我要这个小麦（游戏道具），所以给B一块铁（游戏道具）。”好几个小时里，全都是像这样与游戏内容有关的对话。对于我这种不擅长应酬聊天的人来说，参加这种只需以游戏为“目标”进行对话的聚会再舒服不过了。

轻松无束缚的人际关系使人愉快

考虑到这个游戏本身就十分有趣，所以现场遇到的同伴，如果不怎么了解彼此的本性也没关系。有时间聊天，还不如多玩一局。也许从头到尾你都不知道玩家们真名叫什么、做什么工作，游戏一结束，立刻解散，轻轻松松毫无负担。这种程度的“无拘无束”让人心情大好。聚集的这些人都是当下想玩游戏的，人们在场的关系是轻松无束缚的（现实中喜欢玩桌游的人本身就比较少，所以有的人你可能遇过不止一次）。

除了终于找到一个适合我的兴趣爱好，另外还有一个让我不再那么固执地坚持独活的理由。在我向周围人宣布我就喜欢一个人行动之后，得到了外界一定程度的理解。原本的我内心卑微，想要大声喊出“我喜欢一个人待着！”却怎么也说不出口，每天困于憋屈的人际关系里，忍耐着过日子。或许我想要的，只是有一个人能对我说：“没关系，你这样的状态就很好了。”

以前我总会哭着对自己说：“我就是不想和其他人待在一起！”可是开始独活之后，最终还是走向了人群。独活是去了解自己、治愈自己的行为，是向自己原本不擅长的事物妥协的行为。这就是目前为止我暂时得出的结论。

独活TIPS 33

独活小器具　家用幻灯机

虽然价格有点贵，但是有了它，就可以在100英寸的大屏幕上看电视剧、电影和体育比赛直播了。要是家里有白墙，即使不另买投屏幕布，也可以放映。

专栏

独活的借口③

有的人就是感觉一个人行动很不好意思……为了那些在意他人眼光的人，我收集了一些可以默默在心中安慰自己的借口。

场景⑤
一个人去赏花，周围的团体游客越来越多……

一个人去赏花的时候，可以自备以下两个借口，二选一：我在帮人看行李，或者我在帮人占个赏花的好位置。无论选哪一个都很了不起。帮大家看行李的时候，自己开罐小酒喝一杯也没有什么奇怪的啦。

借口

我在帮人看行李/占好位置

场景⑥
一个人去温泉度假，感到些许寂寞的时候

独自去泡温泉度假，在外人看来也不会感到不自然的人，我想就是文豪了。你也可以如同一个面临截稿日期的文豪那样，一到住宿房间就拿出空白稿纸放在面前苦恼一番，完美。我想任谁都不会怀疑你就是文豪本豪的。这个借口唯有一点瑕疵，那就是需要自带稿纸作为小道具。

借口

快到截稿时间了……

场景⑦
一个人去哪里都行

虽然我觉得把这个理由称为“借口”可能不合适，但你无论去哪里，说到底原因只有一个：因为喜欢这里才来的。本人自己喜欢，其他人又能插什么嘴呢？一个人来自己喜欢的地方，有什么不对吗？希望你自己一个人去任何地方，都能这么想。

借口

我就是喜欢这儿

第4章

30个精选独活

№01 单人卡拉OK

独活特点

难易度 ★☆☆☆☆

孤独度 ★☆☆☆☆

30分钟　适合各种地段、时间段

还可以看电影和现场演出DVD、练习乐器，或者学习、工作！

30分钟包你满意的“最强性价比独活”

随着“单人卡拉OK”越来越为人们所接受，一个人去唱卡拉OK已经成为具有代表性的独活了。就算是不喜欢独活的人，基本上也会说：“如果是卡拉OK的话，我也可以一个人去。”

让我们先来回顾一下单人卡拉OK的历史。21世纪以前，一个人去唱卡拉OK这件事还远远没有成为主流。以大城市为主要据点，仅以单人顾客为对象的单人卡拉OK专营店“1kara”出现的时间，是在2011年左右。以那段时间为分界点，后来即使是普通的卡拉OK店，也开设了面向单人顾客的房间，比如有“卡拉OK adores”“卡拉OK馆”。

顺便说一下，“单人卡拉OK”（日语是“ひとカラ”）这个词第一次登入《现代用语的基础知识》[①]的时间是2008年。从那以后，“单人卡拉OK”每年基本上都会被转录到该书中。

单人卡拉OK专营店的最大优势是，因为它就是为了单人顾客开设的，其他客人也是独自前往，所以你一个人去就不会觉得不好意思。因为所有客人都是一个人去店里的。虽

---

① 日本一部有名的百科性质的新词语词典。

说如此，但不知道是不是因为单人卡拉OK的形式已经彻底变成社会上约定俗成的活动，大家见怪不怪了，就算去的是普通卡拉OK店，而不是单人卡拉OK专营店，店员看你一个人来，也会习以为常地进行接待。因此，以往有人还会说“一个人走到卡拉OK店的前台都会感到不好意思”，但如今，不管你去哪家卡拉OK店里，都不用那么在意了。

话说回来，从花费来说，单人卡拉OK专营店的价格实际上是偏贵的。不过，多花一些钱，就能享受到完善的设备，一个人独自欢唱，肯定就能度过一段愉快的休闲时光。

首先，单人卡拉OK房的隔音效果非常好，你不用担心外面会听到你的声音，可以尽情大声地唱。其次，大部分房间都配备了需戴耳机K歌的系统，所以你自己的歌声会直接传到你耳朵里，这样就能专心练好唱歌技术了。单人卡拉OK房就相当于专业歌手使用的录音棚迷你版。这样去联想，仿佛自己在录唱片一样的感觉是不是很棒啊？

最后，房内配备自助饮料吧这一点也很好。有的卡拉OK店，店员会把客人点的饮料送进房间，这种方式对于单人卡拉OK就不是很好了。想象一下，你正在高歌的时候，突然有店员进来，那得多尴尬呀……大多数的单人卡拉OK专营店都有自助饮料吧，所以这样的尴尬状况很难会遇到。如果想在普通的卡拉OK店里避免发生这一幕，你可以要求自助饮料吧服务，或者干脆一直等到店员来过房间之后再开始唱歌。

一个人去唱卡拉OK还有非常多的好处。比如，30分钟内一个人就可以唱完大约6首歌，而且全程可以随意选曲。如果我等会儿有其他事情要办，中间空出来一点时间没事干，那么大多数情况下，我就会选择利用30分钟左右的时间，一个人去唱卡拉OK。要是你也有多出来的30分钟想消磨掉，但是没空进咖啡馆慢慢坐着，也没有特别想干的要紧事，那么一个人去唱卡拉OK是比较合适的选择。像这样轻轻松松地做一件事，就是独活的一个好处。

你在练歌房里，既可以唱自己的保留曲目，也可以唱动漫歌曲，哪怕是同一首歌反复点、反复唱都没关系。一个人唱歌还可以使用一些平时和别人唱歌时不太用到的功能玩一玩，比如打分功能等。或者一进到房间，立刻点一首伴奏曲，乘兴跳个舞也不错呢。那里对你来说，就是一个自由的空间啦。

推荐给这类人哦！

★ 想要尽情高歌不敢在别人面前唱的歌曲！

★ 想要独占完善的设备，享受难得的独活时光！

№02 独自去吃拉面

独活特点

难易度 ★☆☆☆☆

孤独度 ★☆☆☆☆

30分钟　800日元左右

有些店家会给女性顾客提供纸制围兜和扎头发的皮筋！

可以成为谈资的“划算独活”

可以一个人吃拉面的就餐环境在这10多年里发生了天翻地覆的改变。从前的拉面店大都店面狭小脏污，男性客人居多。现在除了这些店之外，环境整洁、装修风格时尚、女性客人也方便光顾的店家越来越多了。

因此，如今一个人去吃拉面这件事，我感觉越来越普遍了。即便如此，有些人还是不敢行动。对于这样的人，我想告诉他们一个人去吃拉面的三个好处。

第一，“忙碌日子里可以扩大吃饭的选择面”。只要把吃拉面列为自己的可选项，那么你想要迅速吃一点东西的时候，就可以吃碗拉面来满足了。有时候虽然肚子很饿，但由于太忙而不能在吃饭的地方多逗留。可要是总是吃快餐或者牛肉盖浇饭，又觉得选择面太窄……这种时候，可以去吃拉面或者蘸面。

除了那些门外大排长龙的高人气网红店，一般的拉面店，从进门点单到吃完，花费时间最多20分钟。哪怕是出餐慢的店，你吃饭速度又不快，最多也就40分钟左右。当你想要迅速满足食欲的时候，拉面是不二选择。

第二，拉面店里的拉面，绝对是“只有堂食才能体会其美味的食物”。有一位女士表示，她无论如何都难以做到一个人去吃拉面。她沮丧地对我说："反正我很会做菜，可以在超市里买了面回家自己做。"不对不对。在家里做出来的还是拉面吗？在家能熬出猪骨汤吗？你能在家连续三天三夜熬一锅浓汤吗？答案是不太可能。在家不可能复制出与专业拉面店匹敌的美味。

第三，"去吃拉面，可以积累谈资"。喜欢吃拉面的人群，好奇心都非常旺盛。无论男女，只要是拉面爱好者，都有私人珍藏的宝藏店家。而且，本来大家普遍都喜欢吃拉面。你既可以告诉别人你在哪家店吃的拉面非常好吃，或者反过来，请别人推荐一家好吃的拉面店。关于拉面话题的交流，一定会对你有所帮助。

好了，既然聊到了一个人去吃拉面的话题，那我就说一下"一蘭"吧。一蘭店内的装修方式很独特，座位是一个一个隔开的，连店员的脸你都看不到，因为被布帘遮起来了。你可以完全沉浸在一个人的世界里，同时好好享受拉面的美味。为了让客人毫不顾忌周围的人，专心品尝拉面，这种"享味集中体系"已经取得了专利。其实一蘭并不是一家仅面向单人顾客的专营店，但是它的这种"享味集中体系"不仅让客人们更专注地享用拉面，也不用介意其他客人的目光，因此对刚开始一个人吃拉面的"新手"来说很友好。总之，即使你是和朋友一起去一蘭，因为店里有隔断，你和朋友互相也看不到对方，挺难交流的。一蘭店里就是这样的设置，谁进去用餐都要“被迫”独活。

已经在日本全国开设了约80家分店，并且已经进军海外的一蘭，其1号店是在1993年开业的。一蘭算是日本第一家“单人顾客专营店”了。实在没有勇气一个人挑战去吃拉面的人，我建议可以到类似的店里试试看。

推荐给这类人哦！

★ 想要用拉面来拓宽自己一人用餐时的餐厅选择范围！

★ 想要多多尝试新的拉面品种，还想将其作为谈资！

№03 独自去天文馆

独活特点

难易度 ★☆☆☆☆

孤独度 ★☆☆☆☆

1小时 200日元

有的天文馆里能听到人气声优和艺人配音的解说！

想要疗愈身心，就要靠睡觉？！“酣睡独活”

听说有些职场女性想要舒缓身心的时候，下班的路上会一个人去天文馆。其实我非常理解这种心理。平常工作日夜里经常很晚回家，如果下班回家路上可以的话，独活新手也能轻松挑战一个人去天文馆。反正一片黑暗中，光是坐在里面就挺不错的。因为室内光线昏暗，不会被人看到。

而且，就算你并不是特别喜欢看星星的人，一开始只是抱着消除疲劳的目的，我觉得去天文馆也是非常好的选择。光明正大地说，就是能有一个“在天文馆里小睡一会儿”的选项也很好啊。

以前我一个人去天文馆，参加的是一个小时的观星活动，结果我只有刚开始的五分钟是醒着的。如果当时身边有朋友在的话，好不容易一起来天文馆，到后来就我一直在睡觉，这肯定会给她留下不好的印象。这样转念一想，我发觉去天文馆还是一个人去最好。没有比在一片黑暗之中，随着具有催眠疗愈效果的背景音乐，酣然入睡一小时更舒服的体验了吧？而且，椅子躺着也很惬意。

尤其是当你想要稍微缓解一下疲劳的时候，没有累到一定要去按摩或者做水疗Spa，只是想短时间地坐下来或者躺一下，去天文馆是最合适的方式。这种时候，就可以一个人轻松地前往天文馆。

我希望越来越多的人接受以疗愈身心为目的，一个人去天文馆休息。如果天文馆能推出专为想要小憩的人群设计的放松节目就更好了。干脆连枕头、毛毯这些也一应俱全、准备到位，椅子全都换成适合睡觉的类型。我觉得天文馆的名字不如也改一改，就叫“天文好眠馆”呗。希望我的这些想法，能被全国各地的天文馆管理者听进去！

推荐给这类人哦！

★ 想要在短时间内得到彻底放松！

★ 想要在一片黑暗中，不用在意他人眼光地独活！

№04 独自去喝下午茶

独活特点

难易度 ★☆☆☆☆

孤独度 ★★☆☆☆

2小时 5000日元

有些店网页上写的是2人起预订，但是直接打电话过去的话，大多数情况下都接受1人预约。

给自己的奖励！“小小的奢侈独活”

午后突然时间空出来了，你或许会想着要不要去哪里的咖啡馆坐坐。如果是和别人一起，那么选店要求就是“找个安静的地方好好聊天”，但是一个人的时候，目标就成了“享受去咖啡馆这件事本身”。

一个人去咖啡馆，不仅可以独享甜点架上的所有点心，难得一见的好喝红茶也可以想喝几杯就点几杯。平时你可能去的是普通的咖啡馆，但一个人的时候，不妨走进高档酒店里的咖啡馆，度过与往常不同的奢侈时光。

在这里跟大家多说一句，有的酒店会在比一般下午茶时间稍晚些的时候，提供一些轻食、茶饮和酒饮。一天的工作结束之后，不如去酒店的休息室里休憩片刻……说不定还能惊喜地遇到名人哦！大部分套餐价格在5000日元左右。只用一张5000日元纸币，就可以收获日常生活中没有过的经验，真的很值。

从我的经验来看，在这样高档的环境里，习惯一个人行动的阿姨大叔出人意料地多。突然决定一个人去的时候，看到那阵仗，也许会觉得门槛很高，但那些阿姨叔叔说不定会亲切地看着你说：“啊呀，你这么年轻，就懂得喝红茶啦。”高档酒店里的咖啡馆菜单上，全是叫不上名字的红茶品类。

这时候，就可以利用无敌的手机，正式点单前在手机里输入那些没见过的文字检索一下，那么点单就不会有困扰了。

另外，我还推荐大家去水果甜点店Fruits Parlour享受下午茶时光。Fruits Parlour的消费很高，有人同行的时候都会注意价格，小心地计算好再点。即使你和同伴采取AA制，但要是对方点了1000日元的东西，你点的是5000日元的，别人还是会有想法的。

话说回来，会公开表示自己喜欢一个人行动的人，本来就会有意避开像是酒会那样一群人聚在一起的场合，所以一般交际费比其他人少很多。和几乎每晚都参加酒会的人相比，独活人士每个月可以省下几万日元。这些省下来的钱，就是要用在这种地方的。其实我今天下午早些时候，就准备一个人去咖啡馆小小地奢侈一把哦。

推荐给这类人哦！

★ 想要一个人享用标准尺寸大蛋糕！

★ 到了发薪水、发奖金的日子，想要小小奢侈一把！

№05 独自去猫咖

独活特点

难易度 ★☆☆☆☆

孤独度 ★☆☆☆☆

30分钟 1000日元（每小时）

还有饮料和小点心供应。猫咪饲料的费用另计（300～500日元）。

全都是猫奴！“全员几乎是被迫独活”

有一些可以和小动物玩耍的咖啡馆，比如猫咖、猫头鹰咖啡馆、爬虫类咖啡馆，非常适合进行独活。为什么呢？因为独活需要满足一点，就是“不用和同行者对话，可以专注于自己所待的地方”，而猫咖等场所本身就具备进行独活的特性。猫咖嘛，就是把一群猫咪集中起来的地方。

事实上，你到猫咖里看一看周围的人就知道了，大部分客人都把注意力集中在猫咪身上。哪怕是两三个人一起来的，大家的目光都是对着猫咪。你在那里找不到一直在聊天的人。这是因为大家都沉迷于观赏猫咪的举手投足，根本不会去管眼前的朋友或是恋人。

如果你在那里唠叨个不停，猫咪也会感到害怕，不敢靠近你。而有的动物咖啡馆本来就希望客人能够安静地待在店里，所以，大家各得其所，那里就是一个能够让人安心进行独活的空间。

顺便提一句，猫咖里会安排给猫咪喂食的环节。不同店会安排不同的时间。如果能瞄准这个时机去猫咖的话，就可以在那里看到一群猫咪一下子围拢到你身边撒娇的可爱模样。

如果你想比其他客人早先一步吸引猫咪的注意，可以买店里销售的猫咪零食。有时候看猫咪的心情，如果连一只都不肯来你身边，那只能喝杯咖啡就走了。为了尽量不发生这样的事，也可以利用零食吸引猫咪注意。

不管怎么说，不好意思一个人行动的人，应该可以独自去猫咖。即使一个人去猫咖，别人看到也只是会想：“啊，这个人愿意一个人来这里，肯定非常喜欢猫咪吧。”这可是至高的赞美啊。猫奴即是正义。面对猫咪的可爱模样，人类完全无力招架。

推荐给这类人哦！

★ 想要和任性的小猫咪一起玩耍！

★ 想要用手机、相机悠闲地拍猫咪写真！

№06 独自去吃烧鸟

独活特点

难易度 ★☆☆☆☆
孤独度 ★★☆☆☆
1小时　1500日元
有些店很时髦，可以一边吃烧鸟，一边搭配葡萄酒和精酿啤酒。

不要在意别人的眼光！“专心撸串主义独活”

点好的烧鸟端上来了，因为你是一个人来的，就可以不顾别人的目光，直接从竹扦子上豪迈地咬下鸡肉。我也不知道到底是什么时候、是谁开始定下的规矩，大家明明是想吃烧鸟才来的，真的下嘴吃的时候，却要把扦子上的肉先取下来再吃。

这样做到底是烧鸟的正确吃法吗？那何必要穿起来呢？我吃烧鸟，一向不会把扦子上的肉扒拉下来，而是直接上嘴撸串。只要这种“从扦子上先取下肉”的文化还存在，我就始终认为吃烧鸟这件事更适合一个人去做。

我曾经从某家烧鸟屋的店主那里听说，他们为了让顾客在享用单独一串烧鸟时，咬下鸡肉的口感更好，无论是穿鸡肉、烤鸡肉的方法，还是调味方式，都下了很大功夫。所以从店家的角度来看，他们似乎不会建议客人先把肉从扦子上取下再吃。也就是说，烧鸟屋为了使烧鸟更加好吃，是遵循一定的逻辑来制作的。小小的一根扦子也有它的作用。如果你把烧鸟从扦子上取下来再吃，那就太浪费了，吃烧鸟就没有意义了。

还有一点，如果吃之前先把鸡肉从扦子上取下，具体来说有以下5点不利因素。

·切法：吃东西，下嘴的第一口很重要。扦子最上面的肉切得是最大块的，吃起来很扎实，客人对于味道的整体印象就会更深刻。

·调味：为了每一口的味道都保持浓郁，扦子最上面那块肉会撒更多的盐。

·肉串上扦子的方法：沿着鸡肉纤维与扦子呈90度穿上，因为这样的话，肉质口感更柔软。

·肉汁量：如果是把肉从扦子上取下来吃，肉汁就会流到外面。

·鸡肉温度：把肉从扦子上取下来之后，肉接触空气的面积增大，肉就会更快变凉。

等到“直接撸串更好吃”这个观念在世间开始流传之后，你再和别人一起去吃烧鸟也许更好。但是在此之前，我认为烧鸟还是一个人去吃为好。

推荐给这类人哦！

★ 想要在烧鸟屋大快朵颐自己最爱吃的品种！

★ 想要豪迈地直接撸串！

№ 07 独自去打保龄球

独活特点

难易度 ★☆☆☆☆

孤独度 ★★★☆☆

30分钟　500日元（每局）

租借专用球鞋的费用约为300日元。有的店还会推出划算的套餐哦！

得分大涨？！“兴致昂扬的独活”

平常会一个人去打保龄球的人，要么就是狂热的保龄球爱好者，要么就是专业球手。既不是爱好者，也不是专业选手，只是普通人的我在挑战过一个人去打保龄球之后，发现了一个事实。

其实我从以前开始就很不擅长打保龄球。本来就打得不好，再加上会在意旁边围观者的目光，所以就越打越不会打了。

本来打保龄球这个活动，一般就没什么人会来教你。绝大多数学校的体育课不会教学生打保龄球，通常都是自己第一次去保龄球馆，看别人怎么打，有样学样。如果你依葫芦画瓢的对象有自己习惯的打法，那么对于运动神经较差的人来说，没有比硬生生地去模仿更糟糕的事了。

用力的方法、手的角度都不能完美再现，只能匆匆忙忙地把球扔出去，然后那个球就会以龟速缓慢地掉进旁边的沟槽里。一想到身后有其他人正在看着自己难看的投球姿势，就会感到无地自容，结果投出去的样子更加奇奇怪怪，真是令人绝望。我想，但凡是不擅长打保龄球的人，都会对这种感觉有共鸣吧。

想要迅速提高打保龄球的技术非常难。如果一个人去打保龄球，就能消除因为被旁边的人围观而产生的压力，这样多多少少还是能提高一点成绩的吧。

我带着这样的假设，试着一个人去打保龄球，结果我的预想得到了验证。没想到之前总是洗沟，连补中都很少命中的我，竟然连续打出了3次全倒。于是我明白了一点，那就是和其他人一起去打保龄球时，因为打球会被别人看着，所以我才会非常紧张。

在第一次尝试一个人打保龄球之后，我才感到打保龄球很快乐。有时候，你原本认为是自己不擅长的事情，如果尝试一个人去做，说不定就会完全颠覆印象。这样一来，自己的兴趣爱好也会不断拓宽。这也是独活的一大好处。

顺便一提，因为是一个人打保龄球，等投完球之后，系统马上就会摆好下一个球阵，那你就不能中途休息，得不停地打球。一局30分钟下来，运动量很大，也能收获相当大的满足感。从这点来看，一个人打保龄球可以说是性价比极高的独活游戏。

之前我一个人打保龄球的时候，曾经遇到过在旁边球道上打球的一群年轻人，他们看上去像是学生。我听到他们互相调侃："输的那队请客吃牛肉盖浇饭哦！"然后兴致勃勃地开始比赛。而我这边，则是一脸认真的样子，仿佛在说："哎哟，姐可是朝着专业球手在努力呢！"当然了，实际上我并没有想要变成职业选手，但是这样的自我洗脑非常重要。

有时候打出全倒，偶尔也会洗沟。毕竟不是职业的，成绩肯定不像专业选手那样稳定，但是总有这种向着职业方向努力的人嘛。

推荐给这类人哦！

★ 不想有别人在场，想要独自尽情打保龄球！

★ 想要通过独活来拓宽兴趣爱好！

№08 独自种盆栽

独活特点

难易度 ★☆☆☆☆

孤独度 ★☆☆☆☆

2小时 根据具体活动，费用不同

如果是酒店举办的活动，有时还会提供食宿套餐哦！

和植物亲密接触的“绿色治愈系独活”

种盆栽这个活动，可以一个人默默地与植物面对面接触。集中精神在植物上，可以沉浸在自己的世界中。同那些和一群人一起欢闹的活动最八竿子打不着的兴趣爱好，应该就是种盆栽了。因此，喜欢一个人待着的人，其实个性很适合种盆栽。

我第一次一个人种盆栽，是某次参加某个酒店主办的种盆栽体验活动。虽然各地的文化中心也会举办各种各样的活动，但是酒店举办的这类活动，大多非常有意思。在那里，除了种盆栽，还会举办其他较为高雅的兴趣活动，比如面向初学者的怀石料理礼仪讲座，插花体验活动，等等，都很适合第一次尝试的人。而且大多数活动，你都可以毫无准备地直接报名参加。

这些活动的主要参与人群，有想要在空闲时间里寻找新的兴趣爱好的主妇，也有退休的老年人。而对于酒店主办方，这种活动也是推广宣传自身品牌的好机会。听说最近有越来越多的年轻人参与进来。不管怎么样，无论是哪种活动，独自来参加的人都不少，所以很容易进场。

我参加的种盆栽教室里，偶尔也会有一边学习，一边积极地与旁边的人搭话，结交新朋友的独自参与者。这样的场合里，我感觉想要与人交流的人与一个人默默种盆栽的人，人数比例对半开。

一个人种盆栽，实际上能让你度过非常棒的时光。修剪枝条，盆中埋土，把植物打理成自己喜欢的形状。如果感觉和别人相处很累，可以试着一个人种盆栽，与植物亲密接触。无论何时，植物都会在那里安安静静地陪着你。

但是，盆栽非常脆弱。如果不细心照料，马上就会枯萎。我就遇到了这个问题。跟各位坦白，在我参加种盆栽活动一个月都没到的时间里，我的盆栽就枯死了。对于这种参加活动时得到了心灵上的疗愈，之后就马上不管不顾的行为，我已经在认真反省了……

推荐给这类人哦！

★ 想要轻松地开始一项全新的爱好！

★ 想要接触植物来治愈心情！

№09　独自去吃牛肉盖浇饭

独活特点

难易度 ★☆☆☆☆

孤独度 ★★☆☆☆

10分钟　300日元

还可以选择女性喜欢的迷你装或低糖菜单！

专门走一趟“定食料理独活”

一个人去牛肉盖浇饭店的难度是有性别差异的。“一个女人竟然单独去吃牛肉盖浇饭，太奇怪了。”每次我在网上看到这种将女人吃盖浇饭的行为认定为没女人味的评论，就会叹息一声，忍住不要生气。

牛肉盖浇饭店的客人确实是男人居多。由于在人们的印象里，女性很少去这种店，所以一个人吃拉面和一个人吃牛肉盖浇饭这两件事，都被认为是女性很难实施的两个独活项目。但是这回，我想把这种“被世人认定为女人难以涉足”的观点抛诸脑后。最近，女人一个人单独去吃牛肉盖浇饭这件事，变得越来越可行了。

其实，近年来的牛肉盖浇饭店，更像是定食料理店、家庭餐馆和居酒屋，除了提供牛肉盖浇饭，菜单上的菜品种类丰富。不仅有咖喱，还有家常菜、海鲜盖浇饭、下酒菜、乌冬面、火锅、鳗鱼饭和定食套餐……明明是牛肉盖浇饭店，牛肉盖浇饭却只是菜单上众多菜品中的一个。不仅如此，为了吸引健康饮食的客人，有的店还会提供以蔬菜和豆腐为主的菜单。

大部分的牛肉盖浇饭店都是24小时营业，非常方便。一进店，马上就提供米饭。

而且，桌椅单独配套的店家也越来越多。对于不习惯在吧台和大口干饭的男人们挤在一起的女顾客来说，有桌椅的话，就能解决这个烦恼。另外我还发现，在某家牛肉盖浇饭连锁店的主页上就可以自行搜索配备了单独桌椅的分店。

时间正好来到了平成年代（1989年1月8日～2019年4月30日）终结的时候。一提到牛肉盖浇饭店，就是“男人们在吧台上大口干饭”的印象，麻烦停留在平成时代吧。

推荐给这类人哦！

★ 想要在定食餐厅里短时间内搞定一餐！

★ 即使有事要赶时间，也想健康饮食！

№10　独自去“千元酒场”

独活特点

难易度 ★★☆☆☆

孤独度 ★★★☆☆

30分钟　1000日元左右

大众酒场、站立式居酒屋或者酒摊等地，适合作为“千元酒场”。

选对选错都开心！“喝小酒独活”

以“1000日元就着小菜喝到微醺”为特色的“千元酒场”，我认为独自前往更好。理由有以下几点。

首先，顾名思义，去这种人均消费1000日元的便宜居酒屋，最有意思的就是可以轻松地串酒馆，一家一家喝。每一间酒场待半小时左右，接着继续光顾其他没去过的新店，这就是“千元买醉”最大的乐趣。

这样的休闲方式和用步行来移动的独活非常合适。要是可以找到和你一样喜欢“千元买醉”的伙伴一起的话还好，不过大部分人可能都会对这种在千元酒场之间不断移动的买醉方式感到无所适从吧。

其次，千元酒场通常来说也有各种各样的。有可能会遇到那种光看价格完全无法想象酒菜如何的名店，也会碰到性价比很低的店。去了之后、进了店门才恍然大悟，这里和自己原本想象的不同，不知道会端出来什么酒菜，有一种抽盲盒的惊喜。因此，哪怕探店失败，一个人单独行动受到的打击还稍微小一点儿。

有人可能会问：“那么，有没有什么百发百中的探店攻略呢？”这个问题我可就很难回答了。按照我的经验，口碑点评网站上的评分有时会掺杂常客给出的友情好评，有时也会有因为店员服务一般而产生的差评，因此这种网上的评分并不十分准确。有许多店，虽然店员不是特别热情周到，但它们的料理可能非常美味。我对这种能感受到厨师对料理的钻研的门店尤其抱有好感。

正是因为没有明确的探店成功或失败的认定标准，所以千元酒场给人带来的惊喜才那么有意思。

意外发现名店的时候，比起产生想要马上告诉别人的冲动，更多时候我会这样想：“我可不想以后这里人越来越多，还是保守秘密吧，谁也不告诉。”

就像这样，我逐渐沉迷于独自探索千元酒场的活动。

推荐给这类人哦！

★ 想要通过步行方式，轻松进行独活！

★ 想要享受与未知的美味不期而遇的惊喜！

№11　独自去吃烤肉

独活特点

难易度 ★★☆☆☆

孤独度 ★★☆☆☆

30分钟　1500日元

有站立式烤肉店。这类店家，通常独自来的客人也很多。

想吃几分熟就烤几分熟！“忠实于口腹之欲的独活”

我非常爱吃肉。因为太喜欢吃肉了，只要有肉在我眼前，我就会变得非常斤斤计较。

例如，关于肉的分配问题。三个人一起去吃烤肉的时候，点了一盘肉，看到里面有5片，我就会想：为什么不能多加一片呢？！我说店员桑，你是故意切给我们5片肉的吗？这摆明要挑起我们的内部矛盾嘛！多加一片肉，我们又不是不会加钱！每次碰到这种情况，我都会在心里暗自闹别扭。

关于吃肉，我还不想浪费自己的肚子。每次聚餐，总有人除了点肉，还会点沙拉、冷面、内脏……那我还不如给胃里留出点地方，多吃一盘五花肉呢。

一个人去吃烤肉，就能从这些烦恼中解放出来，来到一个自由的世界。我可以随心所欲，想吃什么肉就点什么肉，蔬菜一律不点。端上来的肉都是我的。无论是肉的种类，还是烤肉的速度、节奏，吃肉的量，所有都由我来决定。

但是，我认为能不能一个人去吃烤肉，还是要看本人的性格。随着一个人唱卡拉OK、一个人吃拉面的现象逐渐成为主流，也许今后独自吃烤肉的人会越来越多。可是，至少在2019年，能一个人去吃烤肉和不能一个人去吃烤肉，这两派之间还存在着巨大的鸿沟。

能一个人去吃烤肉的人会说："我完全可以办到。这有什么不可以的？"而不能一个人去吃烤肉的另一派人坚决表示："我绝对办不到！"我感觉，能办到的人占4成，办不到的人占6成左右。

如果现在你感觉"自己周围全是敢一个人去吃烤肉的人"，我想说，这是因为这个世界上，物以类聚、人以群分。反之同理。一般敢一个人去吃烤肉的人，周围会聚集着一群同样做得到的人，而不敢一个人去吃烤肉的人，他们周围也都是做不到的人。

最近市中心开了越来越多专供一人烤肉的专营店。这种店不仅适合"觉得一个人吃烤肉难为情"的人群，也适合所有独活人士光顾。这些店的菜单都是考虑到方便单人点单来设置的。

比如，在一些单人烤肉专营店里，顾客点肉可以一片一片地来点。而普通的烤肉店，每盘肉会有5片左右。如果一个人去吃，想要多尝试不同肉类品种，这种单人烤肉专营店的做法，就可以满足单人顾客的这一需求。这样的机制不仅会让单人到店的顾客感到高兴，就算你是和朋友两个人一起去，也可以拆成两个人，分别在不同位子上吃肉……我觉得这种可以一片一片来点肉的形式非常好。你可以把菜单上的肉类从头到尾各点一片，尝到所有种类。

如果你想要尝试一个人去非单人烤肉专营店的普通店家，建议午餐时间去。因为这种店的午餐时间，本来就有许多一个人来的客人。他们只会点一盘肉和一杯乌龙茶，快速吃完就离开了。

如果你想选择平时工作日下午四五点，或者晚上12点店里人不多的时间去，那我还是建议你晚上再去。趁店里人少的时候一个人去吃烤肉，可以慢慢地让自己习惯独活。

另外，连锁店与个人经营的小店相比，还是连锁店的店员让人更有距离感，因此进行独活的难度也会小一些。就拿我自己举例吧。以前因为工作关系，我会经常和别人在一家烤肉店边吃边聊。那家店的烤肉很好吃，使得我还是没忍住想要再吃一次的欲望，特意选择个人经营的小店，第一次尝试一个人吃烤肉。而且那时候还不是在午餐时间去的，而是晚上。

那次经历对我来说，就像是成功登顶了珠穆朗玛峰一样。国内容易攀登的山脉全都跳过，就盯着世界最高峰。某个瞬间，“无论如何都要吃到某样东西”的心情，会战胜“感到不好意思”的情绪。

想要吃一样食物，想要做一件事，想要去一个地方……诚实地面对自己的欲望，我认为这是克服“不好意思”独活心理的最好方法。

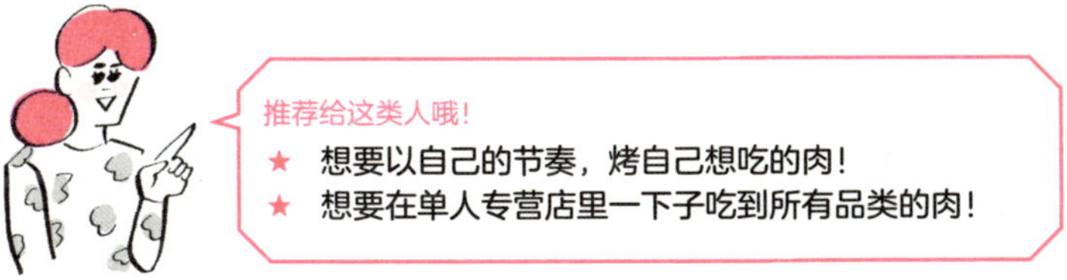

№12 独自去吃寿司

独活特点

难易度 ★★☆☆☆

孤独度 ★★☆☆☆

30分钟　3000日元

最近有寿司店推出了畅吃套餐，一个人也可以去。

只选自己爱吃的品种！“满足挑食的独活”

我这个人非常挑食，有喜欢吃的东西就会盯着不停地吃，直到吃腻为止。如果是吃寿司，我就只想吃海胆，其他一样都看不上！

但我又是个性格比较软的人。和别人去吃寿司的时候，会跟着大家一起点金枪鱼和鲑鱼子，糊里糊涂的，最多也就只点3个海胆寿司。因为我那是在拼命忍住自己一心想吃海胆的念头，以“普通”的点寿司方式掩盖过去。可是明明那么爱吃海胆，为什么我要在其他人面前假装“普通”呢……

如果一个人去吃寿司，就可以“奇奇怪怪”地点单，想吃什么就吃什么。想要吃得实惠一些，可以去回转寿司店。最近的回转寿司店里可以用触屏机器下单，点的所有寿司会被放在传送带上运到顾客旁边。也就是说，你可以不用在意店员，只点自己喜欢的寿司品种一直吃下去。这下解放了！简直像来到了天堂！

而在普通寿司店里，因为会和厨师面对面，一个人去店里的难度高了不少。所以我建议大家以某个借口为名去吃寿司。我就经常去筑地场外市场的寿司店。筑地市场里都是新鲜的鱼类产品，会聚着从各地慕名而来的人。来到这里，你自然就会想到一个借口，比如到筑地市场一定要吃到好吃的海胆之类的。也可以选择去盛产渔获的观光地的寿司店，这种情况下，你自然就会产生“想要吃当地海胆”的念头。

以前我去富山玩的时候，偶然走进了一家寿司店。当时坐我旁边的大叔正一个人吃着3个章鱼寿司。看到那情景，我就立马点了6个章鱼寿司。那里可是富山，盛产美味的喉黑鱼和白虾。而我无视这些名产，点了章鱼。这次经历给了我很大的信心。像我这样点单的人其实有很多。

这是我从那位吃章鱼的大叔身上获得的小小勇气。我在一旁就能感受到他是个爱吃章鱼寿司的人。我也在心里暗暗发誓，无论何时都要坚定地在寿司店里说出：“我就要6个海胆寿司。”

推荐给这类人哦！

★ 想要用触屏点单，敞开肚子吃！
★ 自己想吃的寿司品种，就要吃个够！

№13　独自去吃火锅

独活特点

难易度 ★★☆☆☆
孤独度 ★★★☆☆
1小时　4000日元
有的店晚餐时间规定最少2人同行，但是午餐可以接待单人顾客。

单人小锅独占！“满足食欲的独活”

大概许多人都认为火锅应该在家里自己弄来吃。但是，最近外面的火锅店已经有了天翻地覆的改变。除了一般的火锅配置，还推出了加入许多香辛料的正宗中华火锅，以及放入大量鱼白、鮟鱇鱼肝、牡蛎的“痛风锅”，更有放了很多羊肉和香菜的颇具民族特色的火锅……如果你想要品尝不同汤底、食材的风味，追求火锅品质的话，我觉得还是要去店里吃。

尤其是内脏火锅，比起超市里卖的产品，那肯定是火锅店的品质更好，而且越是以内脏火锅为招牌菜单的店越好。因为有专业厨师挑选食材，以专业的处理方式调制出味道，你大可以相信店家的水准。

我就非常爱吃内脏火锅。某天晚上，我实在忍不住了，走进了一家内脏火锅店。那时候我遇到了一个问题，那就是在普通的火锅店里，最低用餐人数为2人。当时我心一横，一个人点了两人份。这可是需要先留出空肚子才能发挥出来的神技。

最近，以东京为代表，许多地方推出了一人一口小锅的单人火锅专营店、单人涮牛肉锅专营店、单人寿喜锅专营店，而且店铺数量与日俱增。虽然有这种一人份的小火锅挺好的，但也并不是随处都能找到这种店。

即便如此，我还是喜欢吃单人火锅。虽然确实很麻烦，但我就是沉迷于一个人去吃内脏火锅，怎么吃、吃多少都不会厌倦。“这些内脏都属于我一个人”——这种喜悦无与伦比，这种幸福也是无价的。通过独活，我可以合理地体验独占某样事物的感觉。

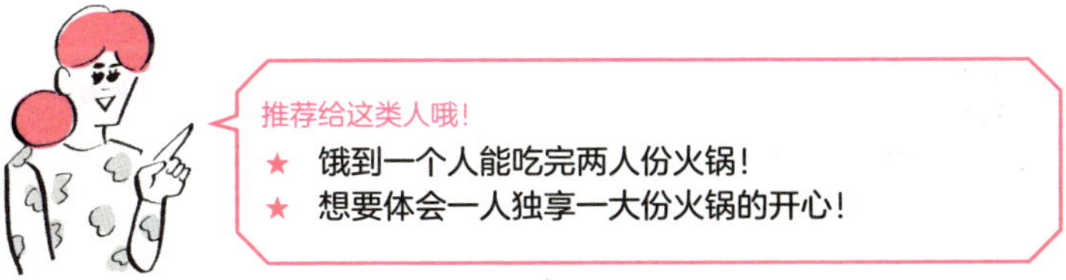

№14 独自去酒吧

独活特点

难易度 ★★☆☆☆

孤独度 ★★★☆☆

1小时　5000日元

如果穿得过于休闲，有些酒店里的酒吧可能会不让你进店。

眺望夜景，来一场优雅的“成人独活”

一般来说，一个人去酒吧这件事，在所有独活中属于最容易挑战的项目之一。哪怕是平时不会独活的人，可能也有过一个人去酒吧独饮的经验。

因此，我给这项独活的难度打了2颗星。可是就我个人而言，它的难度在我这里是5颗星，因为我一直觉得一个人去酒吧是很难做到的。那种场合，和其他客人以及酒保的距离，无论是物理上还是心理上都很近，而这正是我害怕的地方。

酒吧是社交场合。在那里，你会偶遇和你年龄、背景完全不同的人，你们交杯换盏，愉快交流。这样的酒吧场面，你可能在一些电视连续剧里看到过。人们之所以会认为一个人去酒吧很容易，我想就是因为许多人觉得在酒吧里和人交流很愉快吧。

对于“社恐”来说，一个人去酒吧这件事根本没有吸引力……不过呢，“社恐”人士倒是适合去位于酒店高层的酒吧里坐坐。

酒店里的酒吧，除了吧台座位以外，还设置了能够俯瞰室外景色的窗边景观位。不想社交，只想喝喝小酒的人，肯定都想坐到窗边的座位。可能是为了方便情侣约会，窗边的座位都是两人位，桌子与桌子之间的距离也比较大。因此，在其他酒吧里经常发生的，不得不和其他顾客、酒保交谈几句的情境，在这种酒吧里是不会发生的。

虽然一般来说，地段好的酒店价格也高，但是它们也有1000日元一杯鸡尾酒的菜单。可是呢，由于酒单上的鸡尾酒名字都很花哨，如果你不想和店员多说什么的话，干脆直接问一句："这里推荐喝什么酒？"店员肯定会给你介绍他们店里的招牌酒饮。像我就会尽可能避免与人交谈，碰到不知道点什么的时候，就点白葡萄酒或者清酒。啤酒、红酒、威士忌，这些你去哪里的酒吧都能点到，只要决定一种就行了。

在拥有一定私人空间的前提下，喝着高档的酒，悠哉地眺望街景，忘记日常的烦恼，可谓是一次非常棒的体验。

当然，不同酒店的内部环境也有所不同，但只要是设在高层的酒吧，大部分应该都有专供顾客欣赏景色的座椅。如果你不想被服务生带到吧台的位置，那么一进店就可以和服务生说你想看到外面的风景，让他给你安排窗边的位子就好了。

如果不巧旁边坐着一对秀恩爱的情侣，你一个人觉得不好意思，在意别人的眼光，那不妨冷静下来，想象一下：一个坐在酒店高层酒吧里，一边独饮一边欣赏美景的成年人，看上去不是非常酷吗？

推荐给这类人哦！

★ 想要一边欣赏美景，一边独饮！
★ 不想和其他客人或者酒保聊天……

№15 独自去吃自助餐

独活特点

难易度 ★★☆☆☆

孤独度 ★★★☆☆

90分钟 2000日元

有的餐厅平日和假日的餐费不一样，请事先查询好再前往哦！

吃多少、吃多久，全由自己决定！“我行我素独活”

拉面，烧鸟，牛肉盖浇饭，寿司，火锅……我已经提过一连串推荐一个人去吃的美食。我的吃货本性暴露出来啦。就是因为喜欢吃，所以我在美食系独活上的经验肯定会有所增长。

美食独活是非常好的，哪怕你原本并没有那么喜欢吃东西。在所有独活领域里，我最想和所有人推荐的，还是美食系独活。

美食系独活，就是当下立马想要吃某样东西，决定马上出去吃。跟随自己想要吃某样食物的满满热情，确定一个地方，然后开吃。这有时也会带来不好的体验吧？万一吃完不合胃口，后悔了，但因为是你自己挑的店，因此不会产生怨言。这，就是美食系独活的心理过程。

自助餐餐厅里，从日本料理到西式料理、中华料理、各种甜点，琳琅满目地排列着豪华料理阵容。一进餐厅，食客们的心情一下子就会兴奋起来。

但是，自助餐餐厅里的客人中，总是会有一群人聚在一起边聊天、边取食物。一个人去的话，也许就会比较在意周围人的眼光。放心吧，没关系的。请仔细想想哦，即使你真的在自助餐餐厅里遇到一大群客人，但其实每个人去取餐的时候都是分开行动的。最后，大家都是按照各自的节奏去拿取食物。所以，周围人不会对一个人来拿取食物的人感到惊讶。

一个人去吃自助餐，在美食系独活中是最容易控制吃什么和吃多少的活动。喜欢吃什么就可以尽情地吃，幸福感爆棚。而且，因为是一个人吃，不会遇到和其他人一起去吃的时候，还要犹豫是不是要等别人的话讲完，再离开座位去拿食物的烦恼。从这点来说，还是很轻松的。我想，正是这种微不足道的自由感受在平时日积月累，才会开始提升每天的幸福感。

推荐给这类人哦！

★ 不想因为选错餐厅而后悔！

★ 想要挑战自己的胃可以撑多大！

№16　独自去动物园/水族馆

独活特点

难易度 ★★☆☆☆
孤独度 ★☆☆☆☆
30分钟　500日元
如果想要拍照，建议早上或傍晚去，因为大部分动物在这些时间段最活跃。

想看什么动物，就看什么动物的“追星式独活”

动物园、水族馆这种地方，和其他人结伴而行还是一个人去，逛法大相径庭。我认识一个人，他是深海动物爱好者。他就和我说过：“因为我会在水槽前面站很长时间，去观察我喜欢的动物，所以水族馆我肯定是一个人去。”

有一个大熊猫迷把自己最喜爱的大熊猫叫作“大熊猫界的桥本环奈”。因为他太喜欢大熊猫了，喜欢到甚至一个人跑去中国。他说，即使都是大熊猫，每只也都长得不一样。仔细观察会发现，有的大熊猫鼻子很高，有的脸蛋圆圆的，总之，它们的长相可能完全两样。我之前从来没有想过，原来大熊猫的脸也各不相同。这件事让我深深感叹，只有一个人去动物园才会有这样的发现呀。

这位大熊猫爱好者某一天的时间表是这样的：早上7点半在动物园门口排队，9点半开园就入园，然后在看大熊猫的队伍里面连续排3次，中午暂时回家办点别的事情，等到了傍晚，为了看大熊猫再次回到动物园。你看，他对大熊猫的爱就是如此强烈。

确实，如果是一个人去动物园，无论想看什么动物，都可以由自己来决定看多长时间。在动物园一整天只盯着长颈鹿也好，在水族馆看完鲸鱼就回家也罢，都轮不到别人来抱怨。这就是独活的真味所在。自由的感觉简直太棒了。

而且，一个人去动物园和水族馆还有一个好处，就是方便拍照片。包括鱼在内的各种动物，因为都是活物，它们不可能会有什么镜头感。当你想拍照的时候，它们要么躲在角落里不出来，要么移动速度太快，很难拍清楚。但是，如果你是一个人去逛的话，就可以为了拍一张最佳照片，原地蹲点好几个小时。

和别人结伴逛动物园和水族馆的目的，通常是通过看看动物，共享一段亲密时光。而选择一个人逛动物园和水族馆，目的则变成好好观察动物们。

推荐给这类人哦！

★ 想要长时间观察同一种动物！

★ 想要拍到自己最爱动物的最佳照片！

№17 独自铁道巡游

独活特点

难易度 ★★★☆☆

孤独度 ★★☆☆☆

⌛ 半天

💡 铁道旅行爱好者的福音——“青春18”乘车券是有使用日期限制的，请注意哦。

坐电车到处转乘晃悠……“自由人独活”

我曾经买了一套“青春18”乘车券[①]，事先不做任何计划，来哪辆电车就坐上哪辆，到处换乘游玩。那次我从东京一直深入至埼玉县，之后又南下到达热海。在热海附近的小餐饮店里买好晚饭，又随便乘上一辆夜间列车。等我反应过来，发现人已经在大阪了。

当时一到大阪，我就感觉非常累，最后买了一些章鱼烧，边吃边逛，逛完就迅速回家。那时候我正在读大学，还没怎么一个人到处游走过。只是像这样坐电车到处转乘，晃悠一段时间，就让我感到自己变得强大了起来。

一个人的铁道巡游极其自由。虽然事先没有确定目的地，是随便移动，但其实也可以事先决定要去哪儿、乘哪辆电车。“累了，我要回家”“这下满意了，准备回家”，像这样诚实地遵从自己最纯粹的愿望，正是一个人行动的好处。

另外，如果在整个铁道旅行的过程中，做到绝不看手机

---

① 日本铁路的乘车券，在每年春、夏、冬发行三回，使用这类乘车券可以五日内自由搭乘JR全线的普通车及部分海路航线的任意线路，途中可以随意上下。

或电脑，也许会很有意思哦。因为如果你还惦记着手机什么的，要是遇到电车驶入隧道，信号被暂时隔断的情况，人就很容易觉得烦躁。倒不如主动掌控自己所处的环境。询问列车时刻表的时候，也不用依赖自己的手机，而是直接问别人。这样的电车巡游之旅，保证刺激感十足。

平时生活中越是经常和公司同事或者亲友一同行动的人，应该越会对这种自由解放的感觉上瘾。

推荐给这类人哦！

★ 只要坐上电车，随便去哪儿都行！

★ 想要随上随下，想去哪儿就去哪儿！

№18 独自去摘水果

独活特点

难易度 ★★★☆☆

孤独度 ★★★★☆

1小时　1000～2000日元

大多数都需要预约，请事先询问要去的果园。

自由地去水果乐园“新鲜独活”

以前我一个人去摘梨子的时候，总感觉这项活动和某件事情很像。按照自己的节奏不停地摘下水果放进篮子，然后走来走去，看看接下去摘哪个……这种感觉，和自己一个人去买衣服的时候很像，都很自由。

我第一次一个人去买衣服的时候，也有那种莫名解放了的感受：“这样就不用等别人，也不用让别人等我了！”

顺便说一句，要摘草莓的话，最好选在周五或周六的一大早去。因为通常大家都喜欢在周末两天一窝蜂地去摘草莓。刚过周末，果园里的草莓就被摘得差不多了，那么再次等到草莓变红，就是下周五、下周六的时候。如果可行的话，建议避开乘坐巴士的团体客人高峰时间段。由于自己调查这个时间会比较难，你可以事先打电话和果园咨询一下。

不管怎样，摘水果活动基本上都必须电话预约。哪怕是先在网上查到了开园时间，但实际上，许多果园也会根据水果的成熟进度而临时休园，比如因为水果被摘得所剩无几了。这样的状况是偶尔会发生的。

另外，对于和一群陌生人一起行动，如果你没那么介意的话，也可以报名参加巴士旅行团。这样可以省去查询交通工具的时间，而且有的旅行团还会带客人去参观果园附近的酒厂、温泉及各种景点。

摘水果这项活动，让你可以把自己摘的水果带回家，多少能感受到一点儿外出旅行的快乐。而且，还会产生收获一箩筐果实的满足感。在农园里被一大片水果环绕，享受一下自由的时光吧。

推荐给这类人哦！

★ 想要以自己的节奏采摘水果！
★ 想要避开人群去摘水果！

№19 独自去乘热气球

独活特点

难易度 ★★★☆☆

孤独度 ★★★☆☆

30分钟　3000日元左右

如果真的要飞上天，全程需要2～3小时，费用多为2万日元左右。

重拾童心的“兴奋独活”

你知道吗？在日本各地的公园里，其实也会举办乘热气球的活动哦。主办方从早上开始招募参加者，然后按报名顺序进行接待。这项活动操作起来很麻烦，因为最后能不能让热气球飞上天，不到当天都无法确定。如果遇到下雨天，当然会中止举办，可就算是天气晴好的日子，要是风太大，也还是会停办。热气球真是“脆弱”呀。

以前我想去乘热气球，结果遇上超强大风，吃过三次瘪。其中有一次是碰到令主办方难以判断到底要飞还是不飞的天气情况，他们一直到预定的“上天”时刻前一秒都在讨论可行性。最后在早上7点左右，正式广播宣布暂停。而那时，在外面报名的参加者已经有100多号人了。即使这样，主办方还是得停飞。你看，想乘热气球，就是这么难啊。

实际上，等真的乘上热气球飞到天上，全程才1分钟左右，人们就是为了这1分钟而踊跃排队。一大早进入会场，却要在起飞场地做好随时被停飞的准备，这样的乘热气球活动，对大部分人来说真是劝退。

哪怕运气爆棚，乘上了热气球，也要10个人左右挤在一起，根本不可能让你一个人单独乘坐。因此，要是你问我真的乘上热气球之后有什么感想……老实说，在上面的时候并没有什么特别的感觉。像这样慢慢升上天的游乐项目，一般游乐场里也都有。所以说，乘热气球这个活动，不会让你有那种“第一次”的新鲜感。

那么，到底这项活动有什么好玩的呢？我觉得，倒是在下面等待的时候，旁观其他人乘着热气球上上下下的样子，以及眼看着工作人员在准备过程中把气球从没气、瘪瘪的状态吹得越来越大，这些景象让人兴奋不已。热气球吹起来还是很漂亮的。五彩缤纷的球体里充满鼓鼓囊囊的空气，那副在日光下闪耀着光彩的模样，你在近距离就可以看到，这种体验非常难得。

所以，一个人去乘热气球这件事本身，难度并不高。但是因为得一大早去，还会因为天气情况而随时中止，从这些方面来评价的话，独活难度我给3颗星。

推荐给这类人哦！

★ 想要在热气球上眺望景色，激动一把！

★ 认为一辈子总要乘一次热气球！

№20　独自去慕尼黑啤酒节

独活特点

难易度 ★★★☆☆

孤独度 ★★★☆☆

1小时　3000日元左右

买第一杯啤酒的时候，可以直接预付后面几杯酒的酒钱。

好多没见过的啤酒种类！“节庆独活”

啤酒盛宴——东京日比谷举办的慕尼黑啤酒节，在那里，你可以品尝到来自世界各地、各种各样的啤酒。平时在日本买不到的啤酒商品，也会在这个节日上特别销售，你还能尝到正宗的德国香肠。

实际上，参加慕尼黑啤酒节的人群当中，有很多人是爱好啤酒的独行侠。如果你是独活新手，这个场合也很容易尝试一把。而且，一群人组队去玩，他们占好了座位，通常会派一个人去买饮料和食物。因此一个人在场内行动也不会显得奇怪。

但是，不知道是不是因为慕尼黑啤酒节上，大家气氛高涨，陌生人之间常会互相搭讪。如果你想一个人去玩的话，记得做好这个心理准备。以前我一个人去这个活动的时候，一坐到位子上，突然就被一个不认识的大叔（他也是一个人来的）拜托帮忙看包，让我一时惊慌失措。

顺便说一下，在这个啤酒节上，你还可以借到德国民族服装Dirndl[①]玩一把变装。虽然这样做需要一些勇气，但是想到这种体验在其他地方很难再有了，也许你就能迈出这一步。

---

① 巴伐利亚民族服装，是一种女式紧身连衫裙。

舞台上的表演者吆喝着大家喝酒，客人们围聚在一块儿，气氛热烈。也许这样的地方，许多人都以为那种一个人过来，独自默默喝酒的客人很少。可是，在这个啤酒节上，并没有那种必须“所有人都站在一起热闹热闹”、会让人感到被强迫的气氛，这一点还是挺少见的。

你可以和一大群人在一起，也可以一个人待着。在慕尼黑啤酒节上，这两种人可以互不干扰地身处同一个空间。

推荐给这类人哦！

★ 想要喝到在日本还买不到的罕见啤酒！

★ 想要品尝德国香肠等地道美食！

№ 21　独自去啤酒花园

独活特点

难易度 ★★★★☆
孤独度 ★★★★☆
2小时　3500日元左右
高尾山或者东京天空树等，不同地点有不同风格的露天酒吧！

沉醉夏日晚风的“清爽独活”

同样是在室外喝啤酒，露天酒吧和慕尼黑啤酒节的顾客群体、现场氛围以及独活难度是完全不一样的。所以我把露天酒吧单拎出来和大家说。

慕尼黑啤酒节的时间很短，而且场地受限，也不是在大夏天里举办的。如果你想要在盛夏时节，随意到室外就能喝到啤酒，那还是得去露天酒吧。

但是，事实上我对露天酒吧举办的酒会没什么太好的印象。露天酒吧里的酒会通常都吵吵闹闹的，不适合人们正儿八经地一对一讲话。就是因为环境嘈杂，听不清别人说什么，所以得反问别人好多次，感觉好麻烦，有时候我就只能装作听到了，点点头。等到我想和别人说些什么的时候，也因为不想一直被人多问几次在说什么，总是声音很大。回去的时候，喉咙都有点发疼了。如果是和一群人结伴而行，我想到哪个露天酒吧，都是这样的感觉吧。

可是，露天酒吧也不是必须要这样的。如果一个人只身前往的话，就不需要和其他人搭话，可以单纯地享受夏日微风，专心喝几杯好喝的啤酒。当初，我就是抱着这样的想法去露天酒吧的，结果吃了闭门羹。露天酒吧真的非常难预约。

并不是因为预约满了的关系，而是大部分举办场地的店家都要求两人起订，不接受单人顾客预约。所以为了寻觅接受单人预约的露天酒吧，我花了非常多时间。我想，要是露天酒吧一群人去玩没什么乐趣的话，我一个人去，应该会发现独活的乐趣吧。毕竟我都这么努力“接近”它了，也希望它也来“找到”我呀。

找了一大圈，终于发现一家接受单人顾客预约的露天酒吧。但是这家店有一条限制规则，那就是单人顾客不能点烧烤套餐，只能点单品。作为店家，他们不太待见消费较少的单人顾客，这一点我也能理解……

实际去了之后，我才发觉，原来一个人在室外悠闲地喝喝小酒，感觉还真特别啊。别说根本没有发生我原来想象的，会被别人斜眼盯着看的一幕，那里连一个东张西望的人都没有。我想，这是不是因为大家到了露天的地方喝酒，有一种独特的自由之感，所以大家都变得大大方方的了。

另外，露天酒吧里通常需要客人自己走到酒品服务区去拿酒，所以即使是一群人结伴而来，也会有一个人落单的时候。这样的话，要是一个人单独去露天酒吧，也不会看上去不自然了。反正，只有一点遗憾，那就是接受单人顾客的店家太少了。

我希望这本书能被全国的露天酒吧店家看到，希望你们对独活顾客群体优待一些哦。

推荐给这类人哦！

★ 想要在盛夏到室外喝啤酒！

★ 即便很难预订，也想要在露天酒吧喝酒！

№ 22 独自去吃法餐

独活特点

难易度 ★★★★☆

孤独度 ★★☆☆☆

2小时 10,000日元

建议可以先从吃法式午餐开始！

品尝顶级料理的“放松独活”

在所有种类的饮食店中，有些种类的餐厅原本就不接待单人顾客。提供全套西餐的餐厅就是其中之一。因为这些店考虑到只服务一位客人，菜品成本会比较高，所以作为客人一方也没有办法控制。每次遇到类似被店家拒之门外的情况，我都忍不住感叹，看来社会上远没有拆掉妨碍独活的壁垒呢。

但是呢，还是有一些餐厅是接受单人顾客进场的。我在某家法式料理餐厅听说过这样一个知识：据说原本法式全套料理是以前贵族在家中招待宾客时摆的宴席，它的目的不仅是体现主人对客人的热情照顾，也是向客人显示自身的财力。

也就是说，以前的法餐是为了“给别人炫耀”用的。当时告诉我这个知识的那家餐厅的服务生解释说：“也许正是因为有这样的历史源头，所以许多餐厅才不接受单人顾客吧。”即便是愿意接受单人顾客的餐厅，价格通常不便宜，顾客也都是有钱有闲的叔叔阿姨，可以一个人悠闲吃饭的餐厅也不是那么少见。

当我第一次去吃法餐的时候，感受到的最大好处是，根本不必在意料理之外的事情，比如用餐礼仪那些。眼看着一道道端上来的菜，脑子里总在担心自己动作一定不能出错，全程就很紧张。由于太过紧张，等全部吃完之后，甚至都记不起刚才吃的菜是什么味道了。而一个人享用西式全餐，就能从这种烦恼中解放出来，可以专注于品味那些高档的食材了。

如果你很介意旁边几桌客人的眼光，那就尽量预约包房。

推荐给这类人哦！

★ 想要在特殊的日子里犒劳一下自己！

★ 不想因为用餐礼仪而紧张，想要好好吃一顿法餐！

№23　独自去吃中华料理

独活特点

难易度 ★★★☆☆
孤独度 ★★★☆☆
1小时　3000日元左右
北京烤鸭一整只大概10,000日元。

旋转大圆桌的“特色独活”

日本那种店里设置圆桌的正宗中华料理店，其实一个人挺难进门的。先不说是不是觉得不好意思，光是看那么大的菜量，就会让人望而却步了。因为这种店里上的菜，都是在多人一起分享的前提下做出的菜量。中华料理文化传入日本后就演变成了分享的文化。

因此，如果你要一个人去挑战吃中华料理，最好事先询问店家，吃完能不能把吃剩的菜打包回家。

我以前有一次非常想要试一试一个人去吃北京烤鸭。受到强烈的好奇心驱使，就真的决定一个人豪迈地实施这个计划了。当服务员把一只比我的脸盘还要大的烤鸭端上来的时候，店里的人顺带着还给我介绍了一下：“这就是您今天点的北京烤鸭！”然后服务生就把烤鸭撤下去，到桌子后面去切分。到这一步，已经饱足了眼福。

北京烤鸭虽然外表看上去很精瘦，但其实脂肪很多，吃上几片马上就会觉得饱了。这一点还请大家注意。而且，好不容易一个人来吃中华料理，我忍不住另点了麻婆豆腐和点心，结果烤鸭半只都没吃完，肚子就已经胀胀的了。这时候，要是店家允许顾客把吃剩的菜带回家，那可太感谢了……

什么？你说好麻烦啊，不想一个人去吃中华料理了？那我建议你可以避开店家的用餐高峰时间，这样就可以一人独占一张桌子。因为像午市和晚市人最多的时候，你肯定不得不和其他客人拼桌[①]。另外，如果你还想享受一下“满汉全席”的感觉，还可以多点一些单份分量较少的点心，在桌子上摆满就行了。

自己一个人坐在大圆桌前，旁边没有任何人在，就这样笃定悠闲地转着桌子吃菜，这种体验一定会令你心情大好。

---

① 对日本人来说，正宗中华料理店都是大圆桌，一般一个人不敢进，独活难度比较高。

推荐给这类人哦！

★ 想要一个人挑战吃一整只北京烤鸭！

★ 想要一个人在旋转大圆桌旁转啊转！

№24 独自去游乐场

独活特点

难易度 ★★★★☆

孤独度 ★★★★★

半天　5000日元左右

许多游乐场的门票和游乐项目是分开收费的。

调动“五感”，刺激度高至百倍！“新感觉独活”

一个人去游乐场玩最大的好处，就是不必迁就同伴的时间。还有一个优点，就是平时工作日人不多的时候，一个人想去就立马能去。

毕竟每个人喜好不同，因为要玩哪个游乐项目而争论起来，这种场面在游乐场里经常发生。到底是玩尖叫系的刺激项目，还是去鬼屋，大家意见不同，最后干脆摆烂，玩了个不痛不痒、没什么乐趣的普通项目……如果你想要尽情玩自己喜欢的游乐项目，一个人去游乐场是最好的选择。

一个人到了游乐场之后，我建议大家先去乘坐摩天轮。也许你会纳闷：“一上来就乘摩天轮？”是的，你没搞错。

如果你认为一定要等到夕阳西下、开始有点情调的时候，再一个人去坐摩天轮，那就大错特错了。为了欣赏夜景去乘摩天轮的，只有一对对情侣。而你形单影只，不一定非得挑什么有情调的时候去坐嘛。

想要整体预览一下整个游乐场的地理情况，乘摩天轮是最好的方式。随着它慢慢地升空，你可以一手捧着地图，直接对着地面去找目的地。整个园区有多大，怎么走可以绕一圈？乘一次摩天轮的时间，你就可以在脑海中开始规划了。

有人曾经不安地问我："那一个人去游乐场玩那些尖叫系的项目，那样大声尖叫也没关系吗？"遇到这种问题，我就在心里大喊："你在说什么呢？当然没问题啊！大家都在玩，谁有空去注意其他人的尖叫声啊！"

对了，比起和别人结伴去游乐场，一个人去游乐场玩尖叫系刺激项目时感受到的恐怖要厉害得多。这是我第一次挑战自己去玩的时候，找到的一个大发现。

就连没那么刺激的过山车，一个人坐上去都比想象的可怕。也许是因为一个人坐的话，你就会集中精力在当下这个游乐项目上，于是就充分调动了五感，真切地体会到了恐怖。所以比起和其他人一起坐的时候，可怕的感受要厉害好多倍。一个人去游乐场玩，即使是比较温和的项目，一个人也能得到充分的满足。从这点来说，一个人去游乐场的性价比还真不错。

推荐给这类人哦！

★ 想要选择自己喜欢玩的游乐项目！
★ 觉得普通的尖叫系游乐项目不够刺激！

№25　独自去迪士尼乐园

独活特点

难易度 ★★★★☆

孤独度 ★★★★☆

⌛ 半天　💳 10,000日元左右

💡 只有在迪士尼海洋乐园里才能喝酒哦，这里连爆米花也有很多口味是适合下酒的。

绝对满足！“玩法无限多的独活”

我把迪士尼乐园和其他游乐场分开来讲吧。因为关于一个人去迪士尼乐园，有不少需要特别说明的地方，我想单独拎出来给大家说明一下这项独活的魅力。

一般人大都会觉得这项独活难度很高，所以我打了4颗星。但是，实际上有非常多的人喜欢一个人去迪士尼乐园玩。在迪士尼爱好者中间，专程去迪士尼乐园，举着单反相机拍游行队伍的人绝不在少数。

而且，迪士尼乐园有一项“单人通道票”制度，一个人单独去玩能得到一定优待。因为大部分的游乐项目是两人一排座位，如果遇到3个人、5个人这样，人数是奇数的团体游客，就会空出来一个座位。那么单人游客就会被优先安排过去。允许使用“单人通道票”的项目有3个：迪士尼乐园的“飞溅山”，迪士尼海洋乐园的“印第安纳·琼斯冒险旅程：水晶骷髅头魔宫”和“忿怼双雄”。涉及的项目虽然不多，但是碰到人多的时候，这些高人气项目有可能得排队2小时以上。而如果用上“单人通道票”，5分钟都不到，你一个人就能坐上去，肯定感觉很划算呀。

按照自己的步调，慢悠悠地在园内四处逛逛，还能发现以前和其他人一起来的时候，因为一直在聊天而未曾注意到的有趣事物。除了大排长龙的招牌游乐设施，乐园里到处都有意想不到的精彩小型表演，街道的角角落落其实都能发现隐藏起来的米老鼠呢。一个人玩的时候，既可以早早地去排队看秀，也可以目标直指围观游行队伍的最佳位置，和迪士尼动画片中的角色玩偶们打招呼。用餐方面，一个人行动的话，也容易随机应变。如果餐厅太挤，那就转战去吧台坐坐。

另外有一点，是我第一次一个人去迪士尼乐园之后才强烈体会到的。那就是在迪士尼乐园里的游客，根本不把周围其他游客放在眼里。所有游客都沉迷于寻找米老鼠的身影，享受园内大街上的欢乐气氛，根本就没有人会注意到一个人来玩的独行侠。

迪士尼乐园有那么多可看可玩的，玩法多多。一个人去玩和平常有同伴一起，你会展现出完全不同的表情哦。

推荐给这类人哦！

★ 想用单人通道票，免去排队！
★ 想要一个人悠哉地玩遍迪士尼！

№26　独自去赏花

独活特点

难易度 ★★★★☆

孤独度 ★★★★☆

2小时　3000日元左右

带上折叠椅和毛毯，更加舒适！

美酒配美味下酒菜，“贪心独活”

每年我出去赏花的时候，心里都有这样一个疑问：

大家真的有在“看”花吗？

赏花原本的目的就是“看花”。我就是想要看花的人。但是，和一大群人结伴赏花的时候，不是在互相聊天、倒酒，就是不停地喝、喝、喝……老实说，没有什么空闲看花了。既然如此，那我为什么不一个人赏花呢？因为仔细想想，本来就没有规定说一定要一大票人聚到一起才能赏花呀。

一个人赏花最大的优点，是可以只选自己爱喝的酒、爱吃的点心和下酒菜。就算买了稍微贵一些的点心，也不会有人说三道四。而且，不用时不时费心地问旁边的人：“要不要吃点这个？”更不用老是要注意看谁杯子空了，赶紧帮忙斟酒。总之，比和许多人一起赏花自由多了。

另外，挑选赏花场地也不用那么辛苦了。最多只要确保能容下一个人，能将带过去的食物饮料摊开摆放就行。就算遇到人挤人的情况，也可以把吃的东西先收着，起码保证找到赏樱佳座。

以前我一个人赏花的时候，遇到一件事。当我把买好的东西摊在野餐垫上，准备开始喝酒的时候，一个走过来拍樱花照片的外国人一脸兴奋地连连说道："哇！一个人来啊？你一个人来的吗？然后就一个人喝酒？"

因为我带的酒饮看起来确实对一个人来说太多了，所以他们才会惊讶道："那么多酒，就你一个人喝啊？"我回答他们："Yes，我一个人。"等到我一言不发地喝起啤酒，又有一群外国人路过，只听到他们也在说："She is only one!!（她就一个人来的啊！）"

我一听，心想：这位外国友人啊，您是不是以为只要说英语，反正这里没什么人听得懂，说什么都没关系啦？那点程度的英语，我还是听得懂的。

不知道为什么，外国人看到一个人赏花，反应那么大。当时是工作日的中午，那个时间段在公园里的外国人八成是留学生。我脑补了一下，以后他们回国，如果会写一篇名为"日本人会一个人去赏花"这样的报道，多少也有我的功劳吧。

我当时一个人赏花得到的教训是，一个人赏花好冷啊。看来不能小看樱花时节冷飕飕的天气。

因为一个人赏花的时候，周围没有什么人，无法和别人抱团取暖。我建议可以装一些热红酒、温热的清酒等放进保温壶里。那次我去赏花，自始至终冷到不停打寒战，一边目不转睛地看着樱花（当然这也是原本的目的），一边咕嘟咕嘟喝了许多冷酒。你们记住，别学我啊。

推荐给这类人哦！

★ 想要安静地欣赏樱花！

★ 想要买很多自己喜欢的酒和点心！

№27 独自去温泉度假

独活特点

难易度 ★★★★★
孤独度 ★☆☆☆☆
2天1夜 15,000日元
单人客房可能房间级别较低。想要“闭关”的话，请提前咨询。

完全独自一人的“终极独活”

一个人去温泉度假，最困难的一点就是接受单人预约的酒店很少。如果特意去找接受一个人住宿的酒店，可选项更是锐减。所以，针对这项独活我打了5颗星的难度。

我是觉得，对于一个人去温泉度假这件事，应该很少人会觉得不好意思，奈何社会上普遍都不太能接受。作为度假酒店，来者不拒地接受单人顾客的预约，比起只给两人以上客人预约的情况，利润起码减少一半。所以，如果你钱包不瘪，手头宽裕，想要一个人去住温泉度假酒店，也可以一咬牙付掉两人份的住宿费。

既然已经一个人来趟温泉之旅了，不如就在平时工作日请假去实行吧。温泉旅行当然最好是选人很少的日子咯。

即使特意一大早或者半夜去大浴场，碰上人多的时候也基本上就跟在水里下饺子似的。要是你想要独占露天温泉的美景，更是必须注意这一点。另外，如果酒店的客房数较多，说明住宿客人也多，很容易“撞”在一起。所以，一个人的温泉之旅有个诀窍，那就是选择客房数较少的小旅馆。

顺便提一嘴，对于喜欢一个人泡温泉的人，我推荐一家叫作“后生挂温泉”的温泉酒店。这家酒店的特色是“蒸箱桑拿”，体验感非常棒。

蒸箱桑拿，顾名思义，就是人坐在箱子里蒸桑拿。后生挂温泉的主页有一张照片，一群大叔泡在筒状箱子中露出脸来。只要人钻进这个箱子，别人就看不到你的裸体了，同时可以独占这个空间，享受桑拿的蒸汽浴。我觉得这才是极致的一人温泉体验、一人桑拿。

后生挂温泉的位置比较隐秘。先乘新干线到田泽湖站，然后再坐上大概一个半小时的公车才能到。正如这家温泉疗养地的宣传语所说：“骑着马到来，踩着木屐回家。”所有的“不方便”都将有所回报。

除了蒸箱桑拿，在那里，你还能享受到普通桑拿浴、泥浴、打浴、专治神经痛的温泉浴、火山浴、露天风吕等7种泡温泉方式。

泡在蒸箱桑拿里的安全感，就像是用毛巾裹住全身，身子钻入被炉一样。

但是，由于这家温泉疗养地位于深山，因此没有淋浴设备。要洗澡的时候，就得使用两根分别接了冷水和热水的水管。为了调整好水温，必须自己接到水桶里再用。没有淋浴来洗澡，难度比大家想象的高不少，还请做好心理准备。

推荐给这类人哦！

- ★ 想要在人很少的温泉酒店一个人欣赏绝美风景！
- ★ 想要远离日常喧嚣，悠闲度假！

№28 独自去夜间泳池

独活特点

难易度 ★★★★★

孤独度 ★★★★★

2小时 4000日元

为了拍到绝佳自拍照才想去夜间泳池的话，记得事先调查好场地。

夏日休闲新节目！“实际没那么可怕的独活”

近年来，夜间泳池渐渐成为大众夏日休闲活动的必选之地。从大家开始流行在网上晒美照，夜间泳池也跟着备受瞩目。这个地方可以说是派对爱好者的胜地。

最近在“派对动物”中间，比起容易晒黑的海滩，不会太热、不用担心日晒的夜间泳池需求更大。由于大家对夜间泳池的普遍印象是“高调招摇的人们欢闹的地方”，我就打了5颗星的难度。但其实那里并没有大家所想的那么可怕。夜间泳池的客人大多数是女性。比起情侣，女孩子扎堆的更多，为了搭讪而来的男性反而少见。

夜间泳池里都会准备大量的游泳圈。不过，它其实不叫游泳圈，好像大家叫它float。不过呢，我个人是对这种什么都要用英语来说的风潮不感冒，所以一直管它叫游泳圈。这种游泳圈用起来挺麻烦的。夜间泳池里的这些游泳圈，其实都是从国外采购来的大尺寸泳圈。因为尺寸太大，你要紧紧抱住它，非常费力。

它们大都是独角兽或贝壳形状的，中间没有开洞，人只能坐在上面。你稍微想调整一下位置，动一动，一不小心就会失去平衡而掉进水里。夜间泳池里，大家都争着围到如此难以搞定的游泳圈那里，就是为了自拍。在那里，带手机和自拍杆进场好像是理所当然的。

人一多，就会为了人气很高的游泳圈排起长队。大家为了坐上游泳圈拍一张自拍照，在泳池边上就开始排队了。第一次见到这个景象，我还挺无语的。游泳池不应该就只是游泳的地方吗？看来这里和我以往认知里的游泳池不是一个地方。说起来，在夜间泳池玩耍和在海边、沙滩的玩法很接近，更准确地说，就是一个摄影棚。

叫它拍照摄影棚倒挺贴切的。因为所有人都在叫作游泳圈的拍照道具旁边排着队。这里是人们为了在社交平台晒美照而来拍照片的摄影棚，这就是夜间泳池的真正作用。

这种地方，当然没有一个人是来游泳的咯。倒不如说，如果你在这里游泳，有可能会不小心溅到附近的人，把别人的手机弄湿，说不定还讨人嫌呢。这个地方已经完全颠覆了历来人们对于泳池的概念，创造出了一种全新的文化。其实还挺让我感慨的。

我一个人去夜间泳池的时候，也不落人后，去排贝壳形游泳圈那边的队伍，想要拍张照。但是，游泳圈在水里不稳定，一直在打转，怎么都拍不好。就在我为难之际，旁边的女孩子们立马按住游泳圈，有的还帮我移动到理想的位置，帮了我大忙。

不管是一个人，还是一群人，大家的目的是一样的。既然都想要拍照，大家都是战友，于是自动形成了协作体系，互相帮助来拍照片。那次经历让我挺意外的，竟然在夜间泳池感受到了人心的温暖。

说点多余的话。我在去夜间泳池前，新买了一件泳衣。总之，这个过程也相当一言难尽，竟然没找到我想穿的泳衣款式。

平时到了夏季出新款服装时，各家品牌都大力宣传“能遮挡身材弱点的款式”。为什么到了泳衣这儿，就全是鼓励这里、那里都暴露身材短板的设计？真是好矛盾啊。怎么想都是泳衣的错，不是我的错嘛。

推荐给这类人哦！

★ 想要在朋友圈上传漂亮自拍照！

★ 想要穿上泳衣，留下夏日美好回忆！

№29 独自去玩相扑

独活特点

难易度 ★★★★★

孤独度 ★★★★★

1小时　3000日元（换装费）

一般需要预约好相扑场地，有的地方免费。

亲身演绎惯用语里的意思……“想象力独活”

日本有一句惯用语，叫作“一个人玩相扑”，也就是明明没有对手，却一个人在那里瞎卖力气的意思。于是，我索性尝试了一把一个人玩相扑，在此推荐给大家这项一个人的游戏。

顾名思义，就是一个人去玩相扑嘛。以前，我只是为了从自己嘴里说出“一个人玩相扑”这句话，就真的一个人去尝试玩了相扑。也许，这正是惯用语引申意义上的完美展现了吧。在此，我想和大家分享一下经历。

首先，要玩相扑，需要戴好假发髻，配备裁判员。于是我立马在互联网上把道具都备齐了。动动手指上网就可以做好玩相扑的准备，现在这个时代真是方便。顺便一提，“一人相扑”原本在爱媛县大山祇神社这个地方，就是作为一个祭神活动。那里写作“一人角力”，意思是人类和神明比力气，最后神明都会获胜。

那么，关键的相扑台在哪里呢？体育中心、综合体育场、公园等地都有类似的设施。我是在市内一个公园里，搭了一个相扑台。那是11月的一天。一人相扑，十一月场。头戴假发髻，兜裆布套上身，立马开始一个人的相扑体验。

事实上，在那之前，我对相扑一窍不通。我是找来几个女子相扑部的大学生来帮我，教给我一些相扑动作之后，才正式实行这项独活的。相扑是日本神圣的国技。既然要做，就要好好做。而且，享受一个人做某件事的诀窍之一，就是认真对待每一件事。

我从相扑部的学生那里学到了“四股踏步”“擦地行走”“下手提摔”“抱住压腿摔”“撞摔”。我一边回想学过的这些技巧，一边一个人开始对着空气做着抱住压腿摔、下手提摔的动作。

在相扑台上，我用力地往前推着什么，两手空空，在空中挥动。想想那是一幅多么超现实的光景啊。当时我租借的场地，刚好在公园靠里的位置，被树木遮挡了，还好外面的人不容易看到。所幸没有被人当成是怪人。

不过，万一那时候被别人突然问一句我在干什么，我已经编好了借口，假装自己是在准备送别会，就说：“我正在练习送别会上要表演的节目。”

现在翻翻当时在相扑台上的照片，全都是双手用力在身前乱挥的奇怪姿势。但是，那些照片里的我，看起来充满了一种爽快感。当时我的脑子里，完全把自己当成了一名横纲[1]了。

一个人的游戏，需要强大的想象力。哪怕实际上你不会相扑，只要有足够的想象力，就一定可以玩相扑。

① 横纲，相扑选手的最高级别。——译者注

推荐给这类人哦！

- ★ 想要亲身感受一下“一个人玩相扑”（一个人瞎卖力气）的滋味！
- ★ 想要变装成相扑选手！

№30 独自去情人旅馆

独活特点

难易度 ★★★★★
孤独度 ★☆☆☆☆

1个晚上　10,000日元

不同旅馆的设施也有所不同，有的提供DVD影院或者岩盘浴[1]。

---

① 指让入浴者睡在含有多种对人体有益元素的天然矿石板上。

刚到前台就紧张到不行！“心跳独活”

一个人去情人旅馆入住，听上去似乎难度很高，但只要进了门、在前台登记，越过这两关，之后纯粹就相当于住一晚而已。

“进门到前台处登记”是最难的，这一点相信大家都能理解。但正是出于这个理由，我才强烈建议大家进行这项独活。一个人去情人旅馆的魅力正在于此。

首先我想特别提到的是情人旅馆里完备的设施。除了各种浴盐，还提供化妆品、洗发水、护发素。比起只有一点点个人洗浴用品的商务酒店，情人旅馆房间里的物品档次要高得多。

而且，里面的浴缸很大。马桶、洗面台和淋浴的地方是分开的。绝大多数的商务酒店都是整体卫浴，而情人旅馆里绝大多数是干湿分离的。大家如果搬家换新房的话，许多人会提出一个必需条件——一定要干湿分离。既然如此，住酒店的时候，也当然是选择能做到干湿分离的更好。

不仅如此，一个人还可以独占一张大床，简直太棒了。哪怕你呈大字形躺在床上都绰绰有余。

另外，房间里还有免费足浴，有的地方还配备卡拉

OK。总之，无论是娱乐还是放松身心的设施，这里应有尽有。

最近，有的情人旅馆推出了“女子会套餐”。这个服务套餐规则上写的是两人起订。前几天我试着咨询店家，表示自己会付两人份的费用，结果对方同意我预订了。所以说，任何事情一定要主动开口尝试一下。如果你问我，一个人也叫“女子会”吗？那我会挺起胸膛地回答：“对啊，是女子会啊。”允许我“强词夺理”一下，既然我是女的，女的参加，那当然是女子会嘛，参加者只有一人的女子会。

这个女子会套餐非常棒。不过夜的话，两个人总共8000日元，选择住宿的话，两人一共1.8万日元。虽然是有点贵，但贵有贵的道理，这钱花得值。

首先，利用女子会套餐，除了酒饮畅喝，还可以免费吃到小食和甜点。其次，还可以借一些气球布置在房间各个角落，营造气氛。最后，也可以掰点儿鲜花花瓣放到浴缸里，来一次优雅的泡澡，甚至可以免费借到美容小家电来用。

等我出了情人旅馆的门，先前来到门口和前台时的难为情早已烟消云散。取而代之的是度过了一段治愈时光的满足感，因为“一个人勇敢地去了情人旅馆”，多少拥有了自信。

推荐给这类人哦！

★ 想要在设施完备的情人旅馆里开女子会！

★ 想要成为独活达人！

一篇小后记

小时候的我，十分不擅长认路。直到上高中以前，甚至离家最近的车站，我都无法一个人前去。初中毕业之前，如果遇到要坐电车出去游玩的时候，我就和同学约好在学校对面的点心店先会合，跟在朋友身边，就这样一次次躲过必须认路的机会。上了高中，开始骑自行车上学以后，情况发生了180度大转弯。别说去车站，那时我已经可以打开地图独自远行了。回想起来，那段时间也许就是我人生第一次的独活时光。从位于东京都的家骑自行车一路往北，骑到埼玉县的一瞬间便心满意足，然后再骑回家。同样的，有时我会骑到神奈川县，一跨过县区边境就返回。当时经常这样游玩。原本做不到的事变得会做之后，周围的世界就变得越来越宽广，我十分享受其中。也许正是因为无法忘怀那种感觉，所以如今我会独自尝试自己不会做的事，也非常热衷于独活。

好了，就聊到这里吧。“Let’s enjoy东京”网站上的连载专栏是我决定写这本书的开端。今后，我还会继续充满活力地践行独活。感谢大家读完这本书。

2019年2月

朝井麻由美

精选独活手账

- □ 单人卡拉OK
- □ 独自去吃拉面
- □ 独自去天文馆
- □ 独自去喝下午茶
- □ 独自去猫咖
- □ 独自去吃烧鸟
- □ 独自去打保龄球
- □ 独自种盆栽
- □ 独自去吃火锅

- ☐ 独自开圣诞派对
- ☐ 独自去吃烤肉
- ☐ 独自去看电影
- ☐ 独自公路自驾
- ☐ 独自享受啤酒畅饮
- ☐ 独自去吃自助餐
- ☐ 独自去动物园/水族馆
- ☐ 独自去划船
- ☐ 独自去击剑
- ☐ 独自去乘热气球

- □ 独自去逛庙会
- □ 独自去爬山
- □ 独自去吃法餐
- □ 独自去逛公园
- □ 独自勇闯鬼屋
- □ 独自去迪士尼乐园/环球影城
- □ 独自去赏花
- □ 独自去温泉度假
- □ 独自去夜间博物馆
- □ 独自去玩拳击
- □ 独自去玩密室逃脱

□ 独自 ____________________

□ 独自 ____________________

□ 独自 ____________________

□ 独自 ____________________

□ 独自 ____________________

□ 独自 ____________________

□ 独自 ____________________

□ 独自 ____________________

□ 独自 ____________________

□ 独自 ____________________

作者

朝井麻由美

自由撰稿人、专栏作家。著作有《“落单的人”的走路方法》（PHP研究所）、《独生子的头脑》（角川/中经出版）。因为太喜欢一个人单独行动，平时就经常一个人烧烤、一个人玩砸西瓜。写作主题包括独活、独自旅行、美食、游戏等。目前是电视节目《还要换一家喝酒吗》（东京电视台）的常驻嘉宾，也参与许多其他的电视、广播节目。

SOLOKATSU NO SUSUME

独活女子手册

责任编辑　戴　舒

特约编辑　苑志强

编　　辑　叶思婧

终　　审　林紫秋

封面设计　徐文睿

内文制作　北京梧桐影电脑科技有限公司

感谢王愔嫕对本书的帮助。

图书在版编目（CIP）数据

独活女子手册 /（日）朝井麻由美著 ；陈怡萍译
. -- 北京 ：中国地图出版社，2022.11
ISBN 978-7-5204-3235-1

Ⅰ. ①独… Ⅱ. ①朝… ②陈… Ⅲ. ①女性－生活方式 Ⅳ. ①C913.3

中国版本图书馆CIP数据核字(2022)第204693号

独活女子手册

DUHUO NUZI SHOUCE

出版发行	中国地图出版社		
社　址	北京市白纸坊西街3号	邮政编码	100054
电　话	010-83543937	网　址	www.sinomaps.com
印　刷	北京华联印刷有限公司	经　销	新华书店
成品规格	170mm × 240mm	印　张	6.75
字　数	113千字	图　字	01-2022-6042
版　次	2022年11月第1版		
印　次	2022年11月北京第1次印刷		
定　价	68.00元		

书　号　ISBN 978-7-5204-3235-1

如有印装质量问题，请与我社发行部联系

ひとり自転車
たのしい